W0216669

Controller-Praxis I

CONTROLLING POCKETS

1

ALBRECHT DEYHLE

Controller-Praxis

Führung durch Ziele,
Planung und Controlling

BAND I

Unternehmensplanung, Rechnungswesen und Controller-Funktion

Herausgegeben von der
Controller-Akademie, Gauting/München

14. Auflage

VERLAG FÜR CONTROLLING WISSEN
Offenburg und Wörthsee

CONTROLLER-PRAXIS umfaßt 2 Bände:

I. Unternehmensplanung, Rechnungswesen und Controller-Funktion (1. bis 7. Kapitel) – ISBN 3-7775-7201-2

II. Soll-Ist-Vergleich, Erwartungsrechnung und Führungsstil (8. bis 12. Kapitel / Gesamtregister) – ISBN 3-7775-7202-0

14. durchgesehene Auflage 2001
13. überarbeitete Auflage 2000
12. unveränderte Auflage
11. Auflage 1996
10. bearbeitete Auflage 1994
9. durchgesehene Auflage 1992
8. Auflage 1991
7. Auflage 1989
6. Auflage 1986
neubearbeitet
56.–59. Tausend

Band I mit 54 Abbildungen

ISBN 3-7775-7201-2

© 1971 Management Service Verlag
Dr. A. Deyhle, D-82237 Wörthsee-Etterschlag
Seit 1999 Verlag für Controlling Wissen AG, Offenburg und Wörthsee
Gesamtherstellung: Schoder Druck GmbH & Co. KG
86368 Gersthofen

Printed in Germany
1971/1973/1975/1978/1982/1985/1989/1991/1992/1994/1996/1998/2000/2001

Inhaltsverzeichnis

Zur Erinnerung kommt
im Buch noch DM vor.

1994 – Vorwort zur 10. Auflage

Sprachgebräuche ändern sich nur langsam. Geht es schnell, ist »der Faden gerissen«. Ohne Sprache aber keine Kommunikation. Gerade der Controller ist in seiner typischen beratenden und begleitenden Rolle mittendrin im communication business.

Die Worte Controller und Controlling haben sich in der deutschen Sprache etabliert – sind aber stets auf's Neue immer wieder erklärungsbedürftig. Controlling – das Beherrschbarmachen eines Unternehmens in ökonomischer Hinsicht – ist der Prozeß. Everybody owns this process; jeder im Management ist controllingverantwortlich. Der Controller hat das Controlling zu managen – getting controlling done by the managers. Der Controller organisiert das Controlling: Durch Methodik, durch Aufschreibetechnik, durch Moderationsrolle, durch Terminmanagement, durch strukturierte Papiere/Menüs zum noch etwas hineinschreiben, durch Sprachgebrauch.

Ein sich ändernder Sprachgebrauch betrifft die Kostenbezeichnungen. Das Buch Controller-Praxis wurde 1971 in der 1. Auflage geschrieben mit den Redeweisen *Grenzkosten (je Einheit) und proportionale Kosten (für eine Anzahl Einheiten).* Gemeint damit ist Stückliste und Arbeitsplan, die physische Existenz des Produkts herstellend, ökonomisch bewertet. Daraus folgt technisch zwingend dieses »dazukommend für eine Einheit mehr«. Die Mathematik stand Pate bei den Ausdrucksweisen. Besser wäre es, *Produktkosten – abgekürzt Proko* – zu sagen. Dies mag plastischer ausdrücken, welcher Typ von Aktivität es ist, den man kostenmäßig abbildet.

Die anderen Aktivitäten sind periodischen Typs im Prozeß des sich Bemühens um. Dazu war der Sprachgebrauch *Fixkosten* gewählt. Die mathematische Konstante, die namensgebend dahintersteht, ist irreführend. Auch im Bereich der »Fixkosten« lassen sich Beherrschbarkeiten herstellen – make them controllable – z.B. durch Managen der Kostentreiber. Also ist das Wort *Strukturkosten – abgekürzt Struko* – ein besser passendes Wort, um diesen Sachverhalt zu etikettieren.

In der 10. Auflage ist diese Sprachgebung deutlicher hereingefädelt. Noch immer aber, damit es nicht so abrupt passiert, sind die Namensgebungen Grenzkosten/proportionale und Fixkosten parallel verwendet. In Ihrer Firmensprache, sehr verehrter Leser, könnte man es auch so machen: Zum Beispiel »variable Kosten/Produktkosten«; »Fixkosten/Strukturkosten«. Wenn das, was nach dem Schrägstrich steht, besser ankommt in der Praxis, könnte man das, was davor vermerkt ist, allmählich vergessen.

Pfingsten 1994 – mit herzlichen Wünschen an die Leser und Benutzer dieses Buches. **Jedes Wort gilt noch immer – Ostern 2000.**

Dr. Albrecht Deyhle

Vorwort 1971

Controller – was ist das?

Zunächst einmal ist der Controller der Chef des internen Rechnungswesens – der »Rechnungs-Chef«. Dann aber beginnen auch schon die Zweifel und Mißverständnisse. Die eine extreme Auffassung wäre die, daß der Controller gerade eben ein »Rechenknecht« sei, der zu rechnen und Protokoll zu führen habe; der mit spitzem Bleistift hinterdrein alles besser weiß und anderen auf die Finger schaut als Oberkontrolleur. Das entgegengesetzte Extrem gibt dem Controller ein umfassendes Veto-Recht; d. h. ohne das »O.K.« des Controllers geht nichts über die Bühne. Also müßte er sogleich Generaldirektor werden.

Weder die eine noch die andere Interpretation der Controllerfunktion ist zutreffend. »To control« bedeutet »regeln« oder »steuern«. Demnach ist der Controller eine Art betriebswirtschaftlicher *Lotse* oder Steuermann – ein »kybernetes« –, der mit Hilfe von Zahleninformationen hilft, daß die »Kapitäne« in Verkauf, Produktion, Forschung und Einkauf mit ihren »Schiffen« sicher im unruhigen geschäftlichen »Meer« operieren. Er muß signalisieren, wo die Gefahr des Auflaufens besteht – wo die Zusammenhänge zwischen Umsatz, Kosten und Gewinn aus den Fugen geraten.

Der Controller kontrolliert demnach nicht, sondern er *sorgt dafür, daß jeder sich selber kontrollieren kann im Hinblick auf die Einhaltung der von der Geschäftsleitung gesetzten Ziele – besonders im Hinblick auf die Einhaltung des Gewinnziels.* Das erfordert, daß Ziele oder *»objectives«* auch tatsächlich aufgestellt werden. Außerdem funktioniert die Selbstkontrolle nur dann, wenn eine *Planung* besteht und über die Planung Maßstäbe für eine Selbstkontrolle gesetzt sind. Deshalb ist der Controller auch ein *Ziel- und Planverkäufer.* Das Controlling spielt sich als *Soll-Ist-Vergleich* ab. Der Controller bietet ein Signal-System der Abweichungen, die das Management zu »Korrekturzündungen« veranlassen sollen, damit der Plankurs zum Ziel auch tatsächlich so weit wie möglich eingehalten wird.

Da die Unternehmensziele und Planmaßstäbe überwiegend in Form von Zahlen formuliert sind, braucht der Controller den Apparat des *Zahlenhandwerks* zur Erfüllung seiner Aufgabe. Allerdings dreht es sich in der Controller-Praxis nicht um Zahlenberichte im Sinne der Rechenschaftslegung über abgelaufene Zeiträume, sondern um das *»Halten des Steigbügels« für Verbesserungen* – also um das sogenannte »management accounting«. Des Controllers kritische Frage gegenüber allen Zahleninformationen ist nicht die des Buchhalters, der sich Sorge macht, ob alles richtig ist, stimmt und abgestimmt ist. Seine Check-Frage ist: Wen informiert dieser Bericht im Sinne des *Einstiegs in ein Aktionsprogramm zur Verbesserung?* Der Controller arbeitet *empfängerorientiert.* Er ist der Informations-Beschaffer. Er leistet einen *Management Service* im Sinne der zielgerechten Planung und Steuerung. Seine Funktion wird unbedingt gebraucht zur Realisierung eines modernen Führungsstils im Sinne der Delegation, des »management by objectives« oder eines participativen Managements.

Die in diesem Buch sowie in der Controller-Akademie vertretene Konzeption für die Controller-Praxis berücksichtigt zwar auch die Erfahrungen amerikanischer Kollegen. Aber die Konzeption ist nicht rein amerikanisch. Auf Grund eigener Arbeitsergebnisse namentlich im Management-Training bei vielen Unternehmungen des Inlands sowie deutschsprachigen Auslands, beim Einsatz der Deckungsbeitragsrechnung zur Steuerung des Verkaufs, bei der Entwicklung eines Führungsmodells und vor allem bei der Realisierung der Unternehmensplanung als ein

Führungsinstrument hat sich eine *europäisch orientierte Konzeption* für die Aufgaben des Controllers herausgebildet. Allerdings: einen deutschsprachigen Begriff, der genauso treffend den Inhalt dieser Praxis ausdrücken könnte wie der Begriff »Controller«, gibt es nicht. Dieses Buch soll deshalb ein »Brevier« für die Controllerfunktion sein, die sich mit einem Wort in unserer Sprache eben nicht unmißverständlich umschreiben läßt.

Übrigens kommt es auch nicht darauf an, daß es in einer Unternehmung unbedingt »den« Controller gibt als eine Person oder Position. Absichtlich spreche ich oft von der *»Controller-Funktion«*, weil sie sich häufig auf mehrere Köpfe verteilt. So gehören zur Controllerfunktion die in vielen Firmen bestehende Stabsabteilung »Zentrale Unternehmensplanung«, der oftmals separate Bereich »Management-Information« mit Organisation, Systemanalyse und elektronischer Datenverarbeitung und selbstverständlich das Rechnungswesen. Auch die interne Revision sorgt gelegentlich für die Erfüllung von Teilen aus der Controller-Funktion.

Sicherlich kann man die Organisation so aufbauen, daß es den Controllerbereich und seinen Leiter mit allen den angegebenen Aufgaben »in einer Hand« auch tatsächlich gibt – dann vielleicht als ordentliches oder stellvertretendes Vorstandsmitglied (in den USA ist der Controller meistens einer der Vice-Presidents). Langfristig sollte das in der Organisationsplanung auch so vorgesehen sein. Die Beispiele, Empfehlungen und Ratschläge dieses Buches sind aber unabhängig davon brauchbar für jeden, der sich insgesamt oder in Teilen um die Erfüllung der Controller-Funktion kümmert – ob er ausdrücklich auch Controller heißt oder nicht, ist für die erfolgreiche Praxis auf diesem Gebiet nicht so wichtig.

Gauting/München, Herbst 1971

Dr. Albrecht Deyhle

IGC-Controller-Leitbild 1996 vgl. S. 194

1. Kapitel

Leitbild und Zielsetzung der Unternehmung

Erfolg haben kann nur die Unternehmung, die weiß was sie will, und in der alle Mitarbeiter konsequent nach dem vorgegebenen W E G handeln. Alles andere wäre »management by happening« – d. h. ein Reagieren auf das, was gerade kommt. Um Leitbild und Zielsetzung zu definieren sowie für den praktischen Fall zu konkretisieren, eignet sich das folgende Arbeitsmodell:

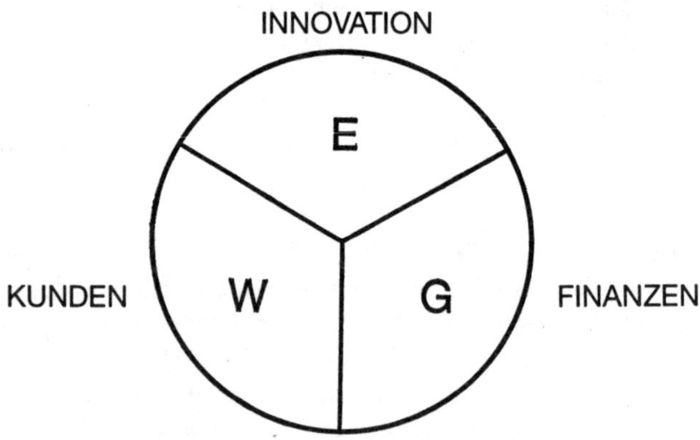

Abb. 1: Zielsetzungs-Modell ausgewogen (»balanced«)

W bedeutet Wachstum; d. h. mehr herstellen und verkaufen von den Erzeugnissen oder Dienstleistungen, die heute bereits im Programm sind. Ein größeres Volumen soll bewältigt werden, zusätzliche Marktanteile für die bereits eingeführten Erzeugnisse sind zu erkämpfen. Wachstum ist oft nicht nur ein Ziel, sondern ein Muß. Wie beim Fahrradfahren. Wenn man nicht dauernd die Pedale tritt, bleibt das Fahrrad stehen und fällt um. Auch eine Firma kann man nicht am Stehen halten. Wachstum ist wie eine Verpflichtung, manchmal sogar wie ein Fluch. Übrigens: Umweltrücksicht ist ein Wachstums-Thema.

E steht für E n t w i c k l u n g. Wachstum und Entwicklung werden häufig auch zusammengefaßt. Es ist aber besser, beide Zielsegmente auseinanderzuhalten. Entwicklung bedeutet neue Erzeugnisse, neue Anwendungsformen, neuer Service, neue Lösungen für Kundenprobleme, neue Märkte und Vertriebswege, neues Styling; aber auch neue Produktionsverfahren, neue Technologien, Organisationen und Verwaltungsprozeduren; Verwirklichung von Verbesserungsvorschlägen. Einen stetigen Weg legt nur die Unternehmung zurück, die im Rhythmus der Lebenskurven der Erzeugnisse folgendes Bild realisiert:

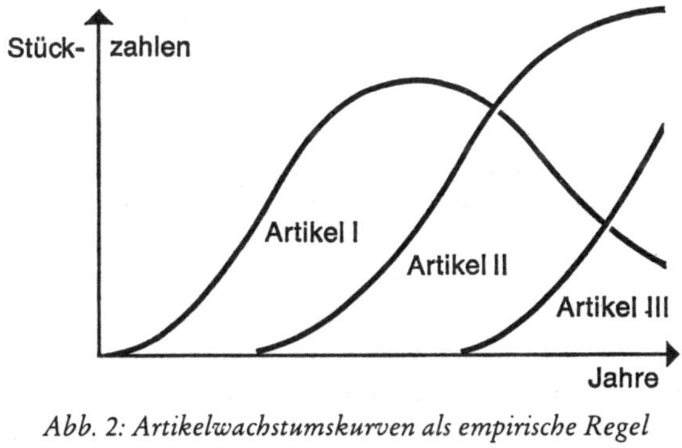

Abb. 2: Artikelwachstumskurven als empirische Regel

Entwicklung neuer Produkte oder Diversifikation über den Kauf von Firmen und ihrer Vertriebswege darf nicht erst dann beginnen, wenn es offensichtlich ist, daß das seitherige Hauptprodukt nachläßt.

G erfordert, G e w i n n zu erzielen. Der Gewinn ist nicht nur ein Resultat, das sich am Ende des Geschäftsjahres einstellt, sondern Gewinne bilden auch ein Ziel. Dieses Ziel sollte so selbstverständlich sein wie die Goldmedaille bei den olympischen

Spielen. Gewinn braucht die Unternehmung, um sich aus eigener Kraft im Interesse von Wachstum und Entwicklung finanzieren zu können; um die Arbeitsplätze sicherzustellen, neue Projekte in Angriff zu nehmen, leistungsgerechte Vergütungen für die Mitarbeiter sowie Sozialleistungen zu erbringen sowie im Sinne etwa des Umweltschutzes und anderer öffentlicher Belange investieren zu können.

In diesem Zusammenhang soll gleich gesagt werden, daß *der Controller für einen Planungs- und Steuerungsapparat sorgen soll, der darauf hinwirkt, daß die Unternehmung Gewinn erzielt; in Kombination mit anderen Zielen (»balanced«).*

Formulierung des Leitbilds der Unternehmung

Das Leitbild formuliert die »Philosophie« der Firma. Was wollen wir eigentlich? Wozu ist die Unternehmung da? Woraus leitet sie ihre Daseinsberechtigung ab?

Leitbilder sollen ausdrücklich formuliert und bekannt gemacht sein. Dazu die Geschichte von den drei Steinklopfern, die von einem Passanten gefragt werden, was sie da machen. »Ich klopfe Steine, das sehen Sie doch«, meinte der eine. »Ich muß Geld verdienen; Hauptsache, die Kohlen stimmen«, antwortet der zweite. »Ich baue an einem Dom«, sagte der dritte. Dieser Dritte kennt sein Leitbild. Er weiß, wozu seine Tätigkeit notwendig ist, auch wenn sie vielleicht nur ein kleines Rädchen sein mag. Er ist motiviert für das Ganze. Genauso sollte z. B. eine Stenotypistin, wenn sie sich nach Feierabend mit einer Kollegin aus einer anderen Firma trifft, wissen, wozu sie gebraucht wird. Aus dem Leitbild folgt die Unternehmens-Identität.

Wenn gelegentlich gesagt wird, die »jungen Leute« hätten keinen Leistungswillen mehr, so muß die Gegenfrage gestellt werden: Für was eigentlich? Ist das Leitbild bekannt? Wozu »krampfen« wir den ganzen Tag herum? Wenn es das »Establishment« versäumt, Leitbilder zu formulieren, so braucht es keinen zu wundern, wenn die Zielrichtungen anderswo gesucht werden und »Alternativen« den Ton angeben.

Hier muß ich ein Streitgespräch berichten, das ich einmal in einem Kreise deutscher wissenschaftlicher Sortimenter erlebte. Also: Sortimenter sind Buchhändler. Ich sprach vom Gewinn-Management im Buchhandel. Es gab große Proteste. Ein sehr potenter Buchhandels-Unternehmer stand auf und fiel mir ins Wort. Wie ich mir beikommen lassen könne, vom Gewinn im Buchhandel zu reden. »Wir haben als Sortimenter eine Informationspflicht zu erfüllen. Wir üben eine Kulturfunktion aus!« Meine Gegenbemerkung: »Wenn Sie Verluste machen und pleite gehen, können Sie weder Informationspflicht noch Kulturfunktion erfüllen.«

Was dieser Buchhändler meinte, war sein Leitbild – ein empfehlenswertes Leitbild. Wenn er dieser »philosophy« aber treu bleiben und dabei eine echte Leistung auf die Beine stellen will, muß er Gewinn erzielen. Eine pharmazeutische Firma könnte das Leitbild aufstellen, daß sie der Gesundheit dient. Will sie das effektiv tun, muß sie Gewinn erzielen. Woher sollen sonst Budgets für neue Forschungs- und Entwicklungsvorhaben bereitgestellt werden, wenn nicht aus Gewinn?

Leitbilder – »Identitäten« – einer Unternehmung wären:

- Bestmögliche Versorgung der Bevölkerung;
- »Wir sind der Preisbrecher«;
- »Unsere Aufgabe ist die Problemlösung«;
- Maßanzüge liefern oder serielle Konfektion machen;
- »Bei uns sind die besseren Ingenieure!«;
- »Wir stellen Markenware her und keine Schüttware.«;
- Als Zulieferer an die Industrie den eigenen Kunden nicht Konkurrenz machen; etwa Plastikmaschinen liefern und selbst Plastikerzeugnisse herstellen;
- Nicht nur Zulieferer – etwa zur Automobilindustrie – sein;
- Ein mittelständischer Betrieb bleiben;
- Keine Pralinen mit Schnapsfüllungen herstellen (Quäker);

- »Auf der ganzen Welt zuhause sein«;
- »Halt dei' Gosch, i' schaff' beim Bosch«;
- »We try harder«.

Ins Leitbild würde für eine Inhaber-Firma oder eine Familien-Gesellschaft auch die »Unabhängigkeit« gehören. Aus diesem Leitbild folgen dann ganz bestimmte Restriktionen bei der Zielsetzung. Zum Beispiel kann die Firma aus Gründen der Finanzierung aus eigener Kraft dann bei bestimmten Wachstumszielen im Kampf um die Marktanteile nicht Schritt halten. Daraus folgt wieder die Notwendigkeit einer Leitbild-Konzeption bei der Produktentwicklung. Dann kann in der Zielsetzung nicht der breite Markt versorgt werden, sondern nur ein bestimmtes Marktsegment – vielleicht das der anspruchsvolleren Kunden.

Wachstum, Entwicklung und Gewinn im Gleichschritt fördern

Gelegentlich wird mir entgegengehalten, warum das Arbeitsmodell zur Formulierung der Zielsetzung drei Segmente habe. Es würde doch genügen, nur die Größe Gewinn als Unternehmensziel aufzustellen. Gewinne können nur erwirtschaftet werden, wenn Wachstum erfolgt, ein Volumen erreicht ist, und wenn neue Entwicklungen geboten werden mit der Chance günstiger Verkaufspreise wegen Differenzierungsmöglichkeiten gegenüber der Konkurrenz.

Das WEG-Modell soll zeigen, daß zwischen Wachstum, Entwicklung und Gewinn Kompromisse gebildet werden müssen. Im Interesse des Wachstums, der Marktanteile, müssen Gewinnchancen oft geopfert werden. Im Sinne langfristiger Sicherstellung von Gewinn dürfen kurzfristig günstige Möglichkeiten nicht voll ausgeschöpft werden. Mit Absicht wird trotz technischen Vorsprungs ein niedrigerer Verkaufspreis festgelegt, als derzeit möglich, um die Konkurrenz nicht allzusehr einzuladen, den Vorsprung aufzuholen und sich gleichfalls in dieser Entwicklung zu engagieren. Aus dem Gewinn heraus, den man sonst verfügbar hätte, werden neue Forschungs- und Entwicklungsprojekte gestartet. Im Handel werden Aktionen mit Aktionspreisen durchgeführt, um »die Füße fest im Markt drin zu haben«, auch wenn gelegentlich auf Deckungsbeiträge dabei verzichtet werden muß, weil die Stückzahlsteigerung während der Aktionszeit nicht so groß ist, um die Preisreduktion und damit die Margenkürzung voll aufzuwiegen.

Obwohl es Phasen geben wird, in denen bei einem der drei Segmente Wachstum, Entwicklung oder Gewinn Prioritäten gesetzt werden müssen, kann die Unternehmung langfristig nur gesichert über die Runden kommen, wenn alle drei Komponenten von Leitbild und Zielsetzung im Gleichschritt vorangetrieben werden (Text 1971 – **entspricht »Balanced Score Card« 1999**).

Ziele müssen konkret definiert und erreichbar sein

Im Gegensatz zum Leitbild, das eine qualitative Aussage festlegt, müssen Ziele q u a n t i f i z i e r t sein. Für die Formulierung von Zielen gilt die Spielregel, daß sie *konkret festgelegt, eine Herausforderung an Leistung darstellen und erreichbar sein müssen.* Das sog. *Zuck- und Schluck*-Prinzip.

Oft wird behauptet, ein Ziel sei etwa »Kostensparen«. Das ist aber kein Ziel, sondern ein Appell – Anlaß für eine Art »Kreuzzug-Management«. Soll daraus ein Ziel werden, wäre zu sagen: »In dem bestimmten Bereich sind während des nächsten Halbjahrs die Kosten um 3% gegenüber dem letzten Halbjahr zu senken«. Ziele müssen konkret definiert und so aufgestellt sein, daß sie auch erreicht werden können. Es hat zum Beispiel keinen Sinn, das Unmögliche zu verlangen, damit dann das Mögliche erreicht wird. Wer als Vorgesetzter so vorgeht, wird erleben, daß ihm die Mitarbeiter etwas vormachen. Da man weiß, daß er etwa als Verkaufsleiter bei Aufstellung des Umsatzbudgets sich so verhält, ziehen die Verkäufer bei ihren

Angaben erst einmal 20% vom Möglichen ab, weil sie wissen, daß der Chef mehr als das Mögliche draufschlägt.

Aus diesen Bemerkungen ergibt sich schon, daß

- für den Zielsetzungsprozeß Werkzeuge gehören wie etwa ein Kostenbudget, weil sonst nicht eindeutig quantifiziert sowie adressiert werden kann;
- Zielsetzung und Planung von Führungsstil und Führungsphilosophie nicht zu trennen sind.

Für beides zu sorgen, gehört zur Controller-Funktion.

Zielsetzungs-Kennzahlen

Für die Formulierung der Unternehmensziele werden in der Regel Kennzahlen eingesetzt wie zum Beispiel angenommen:

- 20% Umsatzwachstum gegenüber Vorjahr;
- 8% Steigerung des Marktanteils – d. h. die Unternehmung soll nicht nur wachsen, sondern dies um 8% schneller tun als die Branche;
- 15% Kapitalertrag vor Steuern und Zinsen;
- 30% Cash-flow-Grad (d. h. Gewinn und Abschreibungen, bezogen auf den Umsatz) als Zielsetzung für die finanzielle Manövriermasse;
- 200 000,– DM Pro-Kopf-Umsatz als Zielsetzungsgröße für Rationalisierung und Automatisierung.

Aufgabe der Planung ist es dann, Wege (Strategien) zu finden, die zu diesen Zielen führen, und festzulegen, mit welchem Einsatz an Mitteln zu rechnen sein wird. Das Planungsgebäude (Umsatzplan, Werbeplan, Produktionsplan, Lagerplanung, Beschaffungsplan, Personalplan, Forschungsplan, Finanz- und Gewinnplan) bekommt sein O.K. von der Erfüllung der Zielsetzung her, die ihrerseits wieder vom Leitbild umhüllt ist. Oder aber die Planung legt nahe, die Zielsetzung – vielleicht sogar das Leitbild – zu ändern. Hat die Unternehmensplanung das O.K., so sind mit den Bausteinen des Planungsgebäudes auch die Einzelbudgets oder die Einzel-»Fahrpläne« der Bereiche festgelegt. Die Unternehmenszielsetzung pflanzt sich dabei über die Planung im Sinne einer Kaskade auf die Hauptabteilungen, Abteilungen, Gruppen und schlußendlich bis zum einzelnen Mitarbeiter fort.

Dafür zu sorgen, daß jeder seine »objectives« hat, die über das Budgetsystem mit der Gesamtzielsetzung der Unternehmung integriert sind, bildet Bestandteil der Controller-Funktion.

Gewinn-Bedarfs-Budget

Das *Leitbild stellt die Unternehmensaufgabe* dar. Es kennzeichnet, was ein Unternehmen *tut.* Ziele drücken aus, was beim Tun erreicht wird. Dieses Was-tu-ich; Was-erreich-ich gilt für das Unternehmen – sinngemäß wie für jede einzelne Funktion im Management. Jeder braucht für seine Aufgabe sein Ziel. *Und so topft sich die Unternehmensaufgabe, Leitbild genannt, in Einzelaufgaben um und ist aus Einzelaufgaben zusammenzusammeln.* Parallel setzt sich *das Unternehmensziel um in Einzelziele; oder ist aus Einzelzielen aufzurichten.*

Dies ist die Zielfindungsstraße als Zweibahnsystem mit *»top down«* und *»bottom up«.*

Wenn aber der Controller-Dienst eine Navigationsfunktion zum Ergebnisziel leisten soll als betriebswirtschaftlicher Begleiter – Betriebswirtschaft heißt ja: »Wirtschaftliches Begleiten bei dem, was man betreibt –, so ist unerläßlich, daß Art und Höhe des Gewinnbedarfs begründet werden können. Dies ist die »Telling-why-Regel«. Wie soll man denn ein Plädoyer machen für sparsame Kostenbudgetierung, wenn aus der Gesamtschau heraus der Sinn nicht plausibel gemacht werden kann. So ist ja auch das Gewinnziel nicht einfach Dogma oder begründet sich nicht allein aus der Figur des Chefs heraus, sondern ein Gewinnziel läßt sich, statt bloß verkünden, auch aus der Sachlogik heraus begründen.

Mittel-verwendung (»Wohin«)	TDM	Plan-Bilanz-Entwurf	Mittel-herkunft (»Woher«)	TDM
Anlagevermögen	600		Eigenkapital	300
Umlaufvermögen	400		Langfr. Fremdkapital	280
			Kurzfr. Fremdkapital	420
Investment	1.000			1.000

(Capital employed; total assets, Betriebsnotwendiges Vermögen)

Working Capital = Umlaufvermögen 400 ./. kurzfristiges Fremdkapital 420 = ./. 20.

Gewinn-Bedarf für's Budgetjahr

Dividende	20
Rücklagenzuführung	20
Ertragsteuern	60
Zinsen	50
Plan-Brutto-Betriebs-Ergebnis	150

Als ROI-Kennzahl geschrieben: 15% (RIV = Rendite auf investiertes Vermögen)

Abb. 2a: Aufbau Gewinnbedarfsbudget – »telling why«

Abbildung 2a schildert, wie das gemeint ist. Ausgangspunkt ist eine Bilanz. Das im Unternehmen investierte Kapital (im Sinn von total assets oder capital employed) beläuft sich auf eine Million (vergleiche auch das Fallbeispiel der Lamina AG im 5. Kapitel). Die Bilanz strukturiert es in Anlagevermögen und Umlaufvermögen (Mittelverwendung). Mittelherkunft sind eigene Mittel, langfristiges Fremdkapital und kurzfristiges Fremdkapital.

Nun kann man eine solche Bilanz in sich analysieren auf die finanzielle Stabilität hin. So sieht im Modellbeispiel die Eigenkapitalquote noch ganz ordentlich aus; dagegen ist das working capital bereits ins Minus geklettert. Working capital – das sich drehende Kapital – ermittelt sich nach dem Unterschied des Umlaufvermögens zu den kurzfristigen Schulden.

Im Beispiel beträgt das Umlaufvermögen TDM 400; die kurzfristigen Schulden liegen bei TDM 420. Also lautet das working capital auf minus 20, was so viel bedeutet wie daß Teile des Anlagevermögens kurzfristig fremdfinanziert sind. Das muß die Rendite nicht gefährden sogleich; gibt aber ein ungünstiges Bild zur finanziellen Stabilität.

Das working capital läßt sich verbessern durch Kapitalerhöhung aus eigenen Mitteln, durch Umschuldung von kurz- auf langfristig oder aus dem einzubehaltenden Gewinn.

Von daher läßt sich ein Gewinnbedarfs-Budget aufbauen, wobei das Beispiel »brutto« angesetzt ist. Also auch die Fremdkapitalzinsen sind darin enthalten. Dann folgt eine Dividende auf das Stammkapital oder Aktienkapital. Der Dividendenbedarf ist 20 – die Dotierung der Rücklagen auch 20. Darauf entfallen Steuern mit ca. 60%. Folglich sind die 40 für Dividende und Rücklagenzuführung nach Steuern 40%. 60% müßte dann in Höhe von 60 TDM die Ertragsteuersumme sein.

Bezieht man die dabei brutto als Gewinnziel für die Periode herauskommenden TDM 150 auf die Bilanzsumme von TDM 1000, so entsteht der return on investment in Höhe von 15%. Dies wäre dann nicht allein verkündet – etwa vom Verwaltungsrat der Lamina-AG; sondern »telling-why«-konform begründet und Gegenstand der Diskussion und Meinungsbildung.

2. Kapitel

Die Struktur der Gewinn-Zielsetzung

Gewinne bilden ein Ziel der Unternehmensleitung. Der Controller soll für ein Informationssystem sorgen, das hilft, dieses Ziel planmäßig anzusteuern. Deshalb genügt es nicht, die Gewinnzielsetzung einfach als einen bestimmten Betrag pro Jahr zu fixieren. Eine solche Zahleninformation würde nichts darüber besagen, *was zu tun ist, um den Gewinn zu verbessern.* Sinn des durch den Controller-Bereich aufzubauenden »Management Accounting« ist es aber gerade, an Hand von Zahlen den Einstieg in ein *Aktionsprogramm zur Gewinnverbesserung* zu liefern. Dieses Aktionsprogramm spielt sich sowohl im Bereich der Unternehmensplanung ab – d. h. die Budgetentwürfe ergeben zusammen noch nicht die Zielsetzung und müssen auf Verbesserungsmöglichkeiten hin »abgeklopft« werden – als auch in Form der Reaktionen auf Abweichungen der Ist-Resultate vom Plankurs.

Abgrenzung zwischen Gewinnplanung und Finanzplanung

Der Gewinn ist ein Überschuß des Umsatzes über die Kosten. Fragen der Gewinnermittlung an Hand der Jahresbilanz, die immer handels- und vor allem steuerrechtliche Akzente besitzen, sollten im Informations- und Rechnungswesen des Controllers mit der Aufgabe einer Anleitung zum Gewinn-Management ausgeklammert und dem Treasurer übertragen sein. Bei der Planung von Umsatz, Kosten und Gewinn konzentriert sich die Analyse auf die Stromgrößen: den »Strom« der Erlöse, den oft ebenso großen »Strom« der Kosten – und das »Bächlein« Gewinn.

Läger sind aus dieser Betrachtung herausgelöst. Sie fungieren gleichsam als »Stau-Seen«, damit die Umsatz- und Kostenströme ununterbrochen fließen können. Wenn nachher davon die Rede ist, was die zusätzlichen Kosten einer weiteren Einheit ausmacht (die Grenzkosten), so wird unterstellt, als würde etwa im Handel eine Ware in dem Moment, in dem sie der Verkäufer abgibt und den Erlös kassiert, auch eingekauft (der Einstandspreis der Ware kommt durch diesen Umsatzakt hinzu; die Differenz bildet den Deckungsbeitrag) – der Warenverbrauch.

Ginge es hingegen um die Aufstellung einer Finanzplanung, könnten die Lagerfragen nicht mehr eliminiert werden. Bestände als Puffer zwischen Verkauf und Produktion sowie zwischen Einkauf und Produktion müssen finanziert werden. Ferner arbeitet die Gewinnplanung mit dem fakturierten Erlös. Auch das genügt nicht in der Finanzplanung. Hier kommt es auch auf die Zahlungsziele an. Wann schicken die Kunden das Geld? Andererseits sind die Kosten aus dem Bereich der Gewinnplanung erst über die eigenen Zahlungsmodalitäten gegenüber den Lieferanten Bestandteil der Finanzplanung.

Die Finanzplanung braucht deshalb als Werkzeug die Bilanz. Dort stehen auf der Aktiv- oder Vermögensseite (also links) die zu investierenden Kapitalien wie die erwähnten Bestandspositionen in Lägern und Kundenaußenständen, die zusammen mit anderen Posten einen Finanzbedarf auslösen, dessen Deckung die Passivseite der Bilanz ausweist. Die Bilanz – z. B. als Bewegungsbilanz – ist eines der hauptsächlichen Werkzeuge des Treasurers als Bild für *Mittelverwendung und Mittelherkunft.*

Die Nabelschnur zwischen Gewinn- und Finanzplanung bildet der c a s h - f l o w. Cash-Flow ist jener Teil der Deckungsbeiträge, der nicht durch bare fixe Kosten gebunden ist; also die verdienten Abschreibungen sowie der hereingeholte Gewinn. Diese beiden Positionen liefert die Gewinnplanung an die Finanzplanung ab. Heute – 2000 – sehen wir eher parallel Controller's Ergebnis- und Finanztransparenz-Verantwortlichkeit.

Planung des Zusammenhangs zwischen Umsatz, Kosten und Gewinn

Die Kenntnis von Umsatz und Kosten allein genügt nicht. Schließlich geht es nicht um die Betrachtung der Vergangenheit, sondern um die Konsequenzen neuer Entscheidungen in der Zukunft auf den Gewinn. Soll zum Beispiel ein Werbe-Etat oder eine Verkaufsförderungsaktion speziell für ein Produkt angesetzt werden, um dort den Marktanteil zu erhöhen, und denkt der Produkt-Manager nicht nur in Erlös-DM oder in Tonnen, sondern auch in der Zielsetzung Gewinn, so muß er wissen, welche Kosten sich mit dem zusätzlich zu verkaufenden Volumen ändern und welche nicht.

Steigt das Umsatzvolumen um 20%, so steigen nicht auch die Kosten in diesem Ausmaß. Fällt der Umsatz um 10%, so gehen keineswegs deshalb zwangsläufig auch die Kosten um 10% zurück. Nur ein Teil der Kosten läßt sich managen im Verhältnis zum Volumen, ein anderer Teil bleibt unverändert.

Jedes Unternehmen hat sich eine bestimmte Kapazität gebaut. Dabei darf man aber nicht bloß an Fabrikgebäude und Verwaltungshochhäuser, Maschineninvestitionen oder den Management-Apparat inklusive der Datenverarbeitung denken, sondern auch an die im Markt investierte Kapazität in Form von Werbekosten, Verkaufsförderungskosten, Vertriebswegorganisation sowie an die Kostenblöcke im Bereich Forschung und Entwicklung. Ein solcher Apparat bedingt Kosten, die entstehen, selbst wenn nichts hergestellt und verkauft wird. Man nannte sie fixe Kosten; heute Strukturkosten/Struko – sie entsprechen dem »Apparat«, die proportionalen Kosten kommen hinzu, wenn er läuft.

Am einfachsten bewährt sich als Denkmodell für diese Zusammenhänge die geschäftliche Situation des Handels. Der Handelsunternehmer erzielt einen Umsatzerlös. Dabei entstehen erlösabhängige Kosten wie Provisionen, Rabatte, Boni oder Skonti. Nach Abzug dieser Erlös-Schmälerungen ergibt sich der Netto-Erlös. Auf der Einkaufseite hat der Händler um so mehr Einstandskosten (Umsatzeinstand), je mehr er umsetzt. Je größer sein Volumen auf der Verkaufsseite ist, desto höher wird auch sein Umsatz-Einstand vom Lieferanten her. Die Einstandspreise der eingekauften Waren sind die proportionalen Kosten oder Grenzkosten im Handelsgeschäft (im wesentlichen jedenfalls). Als Überschuß zwischen Netto-Erlös und Umsatzeinstand entsteht der D e c k u n g s b e i t r a g ; im Handel oft auch Roh-Ertrag genannt. Mit den Deckungsbeiträgen deckt der Handelsunternehmer erst einmal die Kosten seines Apparats ab wie Ladenmiete, Mitarbeiterkosten, Bürospesen, Abschreibung und Verzinsung. Nachdem er das erreicht hat, bilden die weiteren Deckungsbeiträge den Gewinn.

Im Industriebetrieb ist es im Prinzip genauso. Auch hier gibt es Kosten, die um so mehr entstehen, je mehr produziert und verkauft wird. Nur daß im Industriebetrieb das Einkaufsvolumen an Fertigungsmaterial und Bauteilen bzw. Rohstoffen und Halbfabrikaten bloß einen Teil der proportionalen Kosten darstellt. Zu den Materialkosten treten die proportionalen Kosten der Be- oder Verarbeitung wie der Fertigungslohn und die darauf entfallenden Sozialkosten, die Energieverbräuche, verschleißbedingten Reparaturen, die Werkzeugverbräuche sowie die Einsätze an Hilfs- und Betriebsstoffen. Sogar bei den Abschreibungen kommt man nicht immer daran vorbei, verschleißbedingte Teile innerhalb der Produktkosten anzusetzen, etwa bei Universalmaschinen im Mehrschichtbetrieb. Das Problem bei der Ermittlung der Grenzkosten im Industriebetrieb ist nur, daß die proportionalen Fertigungs- oder Transformationskosten nicht unmittelbar in Abhängigkeit von zusätzlichen Stückzahlen der Endprodukte errechnet werden können, sondern der Umweg über zum Beispiel die Stunden als Leistungsmaßstäbe der Produktionsaggregate einzuschlagen ist. Daraus folgt, daß die Dekkungsbeitragsrechnung im Industriebetrieb in den allermeisten Fällen auf Basis einer Standard-Produktkostenrechnung einzurichten ist, während in den Fällen des Handels, im Dienstleistungsbereich oder ähnlichen Branchen (etwa bei Engineering-Unternehmungen oder Bauträgerfirmen, die nicht selbst produzieren, sondern Fremdaufträge erteilen, auch wenn sie ganze

Raffinerien »bauen«) die Produkt-/Grenzkosten im Sinne der »eingekauften« Kosten häufig gleichzeitig »Einzelkosten« sind; also mit Beleg im Ist einzeln für den Auftrag, den Artikel oder das Projekt kontiert werden können.

Modell zur Kalkulation der Grenzkosten/Produktkosten

Wie im Vorwort zur 10. Auflage auf Seite 8 vermerkt, mischen sich in der Weiterentwicklung der Controller-Praxis die Sprachgebräuche. Das Wort Grenzkosten stammt aus dem mathematischen Beschreiben des Steigungsmaßes einer Kostenfunktion. Daher dieses »dazukommende« Einheit. Das entspricht auch dem praktischen Tatbestand, daß ein Produkt ohne sein Material und ohne die Arbeitsgänge des Be- oder Verarbeitens physisch nicht existiert. Also saugt ein Produkt auf zur physischen Existenz eine Kombination von Einsatzfaktoren. In der Benennung findet der Leser das Wort Grenzkosten; parallel gesprochen Produktkosten. Der Produktkostensatz ist von Haus aus je Einheit formuliert. Typisch ist das Wort Stückliste. Es ist technisch unentrinnbar je Einheit formuliert. Sinngemäß gilt es für die Arbeitsfolgen, die je Produkteinheit formuliert sind.

Das Modell zeigt zunächst graphisch die Kalkulation des Produkts. Gesucht sind die Grenzkosten; also diejenigen Kosten, die um so mehr entstehen, je mehr an Stückzahlen hergestellt und verkauft wird. Diese Grenzkosten (bezogen auf das einzelne Stück) bzw. proportionalen Kosten (bezogen auf eine bestimmte Stückzahl; proportionale Kosten = Stückzahl mal Grenzkostensatz je Stück) bestehen zunächst einmal aus dem Material nach Stückliste oder Rezeptur bzw. den Kosten der Auswärtsbearbeitung. Wäre die Unternehmung jetzt ein Handelsbetrieb oder eine Versicherungs-Firma, so würde die gestrichelte Linie der Materialeinsatz-Kalkulation mit der Linie der proportionalen Herstellkosten zusammenfallen (Schäden in der Assekuranz).

Im Industriebetrieb mit eigener Produktion kommen die proportionalen Fertigungskosten dazu. Während man bei der Materialkalkulation unmittelbar vom Artikel ausgehen kann (Ein-

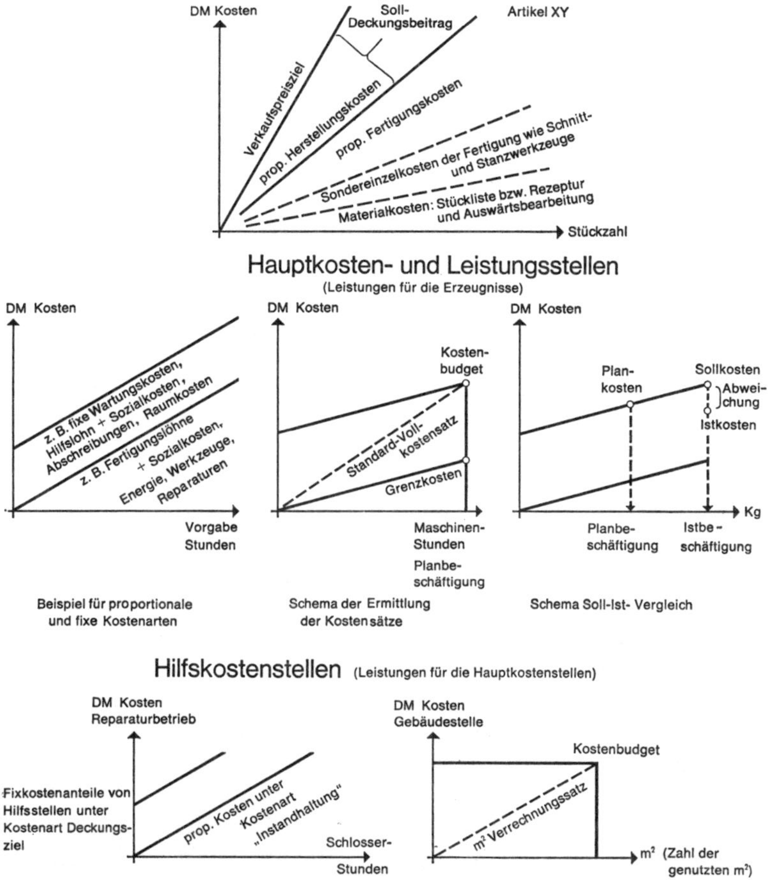

Abb. 3: Kalkulation der Standard-Grenzkosten = »Produktkosten«

zelkostencharakter) – vorausgesetzt natürlich, daß die Rezepturen und Stücklisten in Ordnung sind und die Einkaufspreise vorliegen –, muß für die Kalkulation der Fertigungskosten erst ein Umweg über die Leistungs- und Kostenstellen gemacht werden. Auf der waagrechten Achse der Kostenstellendiagramme sind die Leistungsmaßstäbe angegeben – zumeist als Stundenleistungen. Dann wird bei der Kostenplanung (vgl. Band II,

9. Kapitel) festgelegt, wieviel Kosten in der Stelle einzusetzen sind, damit die betreffende Leistung erbracht werden kann; außerdem welche Kosten sich zur Leistung proportional verhalten, also um so mehr entstehen, je mehr Stunden geleistet werden. Die Grenzkosten sind die Produktkosten – »Proko« – die Fixkosten die Strukturkosten – »Struko«.
Für die Kalkulation ist dann der Arbeitsplan des Produkts erforderlich sowie die Belegungszeiten. Aus der Kostenplanung ergeben sich die Plangrenzkostensätze, mit denen die Leistungseinheiten in der Kalkulation der Erzeugnisse multipliziert werden; kausal ins Produkt schlüpfend.

In der Darstellung ist auch ersichtlich, daß die sogenannten primären Kostenstellen unmittelbar für die Erzeugnisse arbeiten, während die sekundären oder Hilfs-Stellen nicht »am Stück« tätig sind, sondern eine Service-Funktion für die primären Kostenstellen ausüben. Die sekundären Stellen »verkaufen« also ihre Kosten an die Primärstellen entweder direkt auf der Basis benötigter Stunden wie bei den Reparaturschlossern oder auf der Basis benötigter Quadratmeter wie bei der Gebäudestelle oder indirekt in Form einer zugeteilten »Vorhalteleistung« wie bei den fixen Kosten der Reparaturwerkstatt.

Eine Mittelstellung zwischen Materialkosten und Fertigungskosten nehmen kalkulationstechnisch die sogenannten »Sondereinzelkosten« der Fertigung ein. Darunter sind zum Beispiel Schnitt-, Stanz- und Preßwerkzeuge zu verstehen, die artikeltypisch unterschiedlich teuer sind und deshalb nicht im Durchschnitt innerhalb des Stundenkostensatzes etwa einer Friktionspresse angesetzt werden können. Sonst würde es der Controller so machen wie ein Chefarzt eines Krankenhauses, der auf die Idee kommt, sich die Temperatur seiner Patienten nur noch im Durchschnitt sagen zu lassen.

Check-Liste der zur Kalkulation der Standard-Grenzkosten notwendigen Arbeiten – Proko-Sätze (coût produit)

- Aufbau des Materialmengengerüstes der Artikel (Rezepturen für Rohstoffe, Halbfabrikate sowie Stückliste für Verpackungsmaterial in der chemischen, pharmazeutischen und Nahrungsmittelindustrie; Stückliste für Fertigungsmaterial, Bauteile und Baugruppen in der metallverarbeitenden Industrie).

- Einkaufspreise der Rohstoffe, Fertigungsmaterialien, Halbfabrikate und Bauteile.
- Standard-Grenzkosten der eigen-erstellten Halbfabrikate, Bauteile oder Baugruppen.
- Arbeitspläne für den Durchlauf der Erzeugnisse durch den Betrieb sowie die Belegungszeiten bei Maschinen und Mitarbeitern (Inanspruchnahmen der Bezugsgrößeneinheiten für die Leistungen der Kostenstellen).
- Bewertung der Belegungszeiten (Bezugsgrößeneinheiten) mit den Plangrenzkostensätzen.
- Kalkulation der Standardgrenzkosten für Schnitt- und Stanzwerkzeuge oder Modelle.
- Klärung von Alternativen bei der Verfahrenswahl wie z. B. Eigenfertigung/Fremdbezug oder Maschinenbelegung.
- Planung von Erlösschmälerungen, Frachten, allgemeinen Verpackungskosten und etwaigen Lizenzen.

In den Produktkosten spiegelt sich die Material- und Produktionsstruktur eines Erzeugnisses. Produktkosten sind also *ein technischer Begriff.* Sie bilden eine Angelegenheit der Manager in Konstruktion, Forschung, Produktion und Einkauf. Außerdem *gehören Produktkosten und Wertanalyse zusammen.* Wertanalytische Verbesserungen wie Austausch von Materialien, günstigerer Einkauf, Konstruktionsvereinfachung und Rationalisierung der Produktion zielen auf eine Senkung der Proko bzw. auf ein Abfangen etwa von Lohnerhöhungen, um die Produktkostensätze konstant zu halten.

Die Hinweise beziehen sich auf die Kalkulation der »Standard«-Produktkosten. Standardkalkulation ist immer dann möglich, wenn es sich um ein Serienprodukt handelt mit standardisierter Materialstruktur, festgelegtem Operationsplan und Vorgabezeiten für die einzelnen Maschinen und Arbeitsplätze. Das Gegenstück der Standardkalkulation wäre die Vorkalkulation von kundenproblemorientierten Einzelaufträgen. Zweifellos ist diese Kalkulationsaufgabe schwieriger, aber nicht wegen kostenrechnerischer Probleme, sondern weil die technischen Daten der Kalkulation nicht exakt festliegen; z. B. nur ein Zeichnungsentwurf vorliegt, aber noch keine Detailkonstruktion mit der daraus folgenden Stückliste.

Fallbeispiele für die Abwägung zwischen Grenz- und Fixkosten – Proko/Struko

Beim Material ist es klar; schwieriger ist es bei den Fällen typischer Kuppelproduktion. Sonst sind es die Tätigkeitenbilder, die maßgeblich sind für ProKo- oder StruKo-Einfügung. Ist es eine Activity im Herstellungsprozeß physischer Existenz des zu verkaufenden Produkts; oder eine Aktivität im Prozeß des sich Bemühens um ...

1. Beispiel: Eine Maschinenfabrik, die sich als »Problemlöser« sieht und nach Kundenwunsch Maschinen baut, muß zunächst einmal auf Grund grober Angaben eine Offerte machen. Auch die Mitbewerber werden zu Angeboten aufgefordert. Ob der Auftrag kommt, weiß man noch nicht. Die Kosten der Projektanden und der Offerterstellung wären fix anzusehen – wie überhaupt in technischen Firmen die Engineeringkosten ähnlich zu sehen sind wie die Werbe-Etats in der Markenartikelindustrie – Struko: ein sich Bemühen um ...

Kommt der Auftrag ins Haus, so beginnt jetzt erst die Arbeit der Detailkonstruktion. Es entstehen Stunden von Konstrukteuren sowie Zeichnern; und zwar zusätzlich für den betreffenden Auftrag – außerdem für manche Aufträge mehr und für andere weniger. Diese Stunden würde ich als Controller zu den Grenzkosten nehmen; bewertet u. a. mit jenem Teil des Konstrukteurgehalts, der den auf die Aufträge gearbeiteten Stunden entspricht. Daß die Konstrukteure Gehaltsempfänger sind, gehört im Informations-System einer anderen Dimension an. Die

Grenzkosten müssen unabhängig von den Anstellungsverträgen die Verbrauchsfunktion eines Produkts oder Auftrags zum Ausdruck bringen. Ohne die Konstruktionsarbeit existiert die Maschine nachher nicht. Die Stunden der Detailkonstruktion sind kausal (*»weil«*) durch den Auftrag bedingt, während die Projekt- und Offert-Ingenieure arbeiten, damit Aufträge ins Haus kommen. An der Grenze zwischen »weil« (kausal) und »damit« (final) liegt auch die Trennlinie zwischen den Grenzkosten und den Fixkosten = Produkt- und Strukturkosten.

2. Beispiel: Eine Grube im Kohlenbergbau setzt ein neues Flöz in Gang. Bevor Kohle abgebaut werden kann, muß der Abbaupunkt erst hergerichtet werden. Vielleicht ist ein Förderschacht niederzubringen oder ein neuer Quergang anzulegen und auszubauen. Vor allem müssen Kosten zur Wasserhaltung eingesetzt werden. Derartige »Rüstkosten« vor Beginn des Abbaus von Kohle würde ich als Gruben-Controller fix sehen. Es kommt einer Investition gleich. Der Zahl der Fabrikhallen entspricht unter Tage die Zahl der Abbaupunkte. Wie groß die Kohleförderung nachher effektiv sein wird, kann nicht genau vorhergesagt werden. Vielleicht ist die Marktlage nicht so günstig. Vielleicht ergeben sich im Streb durch Verwerfungen unvorhergesehene Begrenzungen der Kohleförderung.

Dagegen zählen die Rüst- und Einrichtekosten einer Maschinenfabrik oder einer Spinnerei für die in den Betrieb gehenden Aufträge zu deren Grenzkosten. Hier kommt der Auftrag herein mit der Folge zusätzlicher Rüstzeiten. Auch hier gilt das Gesetz der Kausalität. Als Folge eines angenommenen Auftrags muß gerüstet werden; während die Erschließungskosten eines Abbaupunktes für Kohle eher dem Prinzip der Finalität folgen.

Drei Kostenbegriffspaare – simultan existierend

Es empfiehlt sich, wenn man in der praktischen Diskussion die folgenden drei Begriffspaare auseinanderhält (siehe nächste Seite):

I. »Grenzkosten / Fixkosten«-Proko / Struko

Kontrollfrage: Was ändert sich kausal durch das Produkt (die Sache Erzeugnis)?

II. Direkte / allgemeine Kosten o d e r
Einzelkosten / Gemeinkosten

Kontrollfrage: Was läßt sich mit Beleg direkt oder einzeln erfassen (kontieren)?

III. Beeinflußbare / nicht beeinflußbare Kosten

Kontrollfrage: Was kann der Manager (die Person) bei den Kosten ändern mit Rücksicht auf Zeit und Hierarchie (Kompetenz)?

Vor allem ist darauf hinzuweisen, *daß direkte Kosten oder Einzelkosten mit Grenzkosten nicht identisch sind.* Grenzkosten sind Kosten, die durch das Produkt *dazukommen, wenn zusätzliche Einheiten hergestellt werden.* Einzelkosten sind solche, die sich vom Buchhalter *einzeln oder direkt kontieren lassen.* Auch Fixkosten können Einzelkosten sein; etwa der Werbe-Etat eines Artikels in der Markenartikelindustrie oder das Gehalt eines Produkt-Managers. Anderseits gibt es Grenzkosten, die erfassungstechnisch gegenüber dem Produkt Gemeinkosten darstellen; z. B. Energieverbräuche, Reparaturen, Werkzeugverschleiß und Hilfsstoffeinsätze (sie sind nur Einzelkosten relativ zur Kostenstelle; sind aber dort stundenproportional).

Ferner sind Fixkosten nicht unverändert fix. Der Manager kann auch Fixkosten beeinflussen, manche auf die kurze Frist; andere nur langfristig. Deshalb ist der Begriff »variable« Kosten nicht so günstig. Auch Fixkosten machen Sprünge; z. B. zusätzliche Werbekosten, Verkaufsförderungsetats, neue Mitarbeiter im Außendienst, im Innendienst, Investitionen, zusätzliche Forschungs- und Entwicklungskosten. *Aber nicht das Produkt hat sie verursacht, sondern ein Manager,* der diese Maßnahmen für nötig hielt. Beeinflussen lassen sich natürlich auch die Grenzkosten: durch Wertanalyse. Dadurch senkt sich die Proportionalkostenlinie; sie verläuft flacher.

Controller's Kostenwürfel

Die »Turbulenzen« auf diesem Gebiet sind vor allem dadurch entstanden, daß die 3 Kostenbegriffspaare ausgetauscht verwendet worden sind – und noch werden. Typisch dafür ist die Äußerung: »Langfristig sind alle Kosten proportional«. Da wäre eine gelbe Karte fällig. Er *sagt »proportional« und meint beeinflußbar.* Die Schwierigkeit entsteht deshalb, weil die 3 Perspektiven bei den Kosten gleichzeitig gültig sind.

Deshalb ist fällig das Bild eines morphologischen Kastens. Ein solcher morphologischer Kasten gehört ja zur Kreativitätstechnik. Er soll verhindern, daß man einfach zu einem »ja klar« durchstürzt, sondern erreichen, daß man die Suchbewegung des Fragezeichens macht, ob es nicht Kombinationen gibt, die man zunächst erst mal übersehen hätte. So könnte der morphologische Kasten etwa auf der senkrechten Achse ein Fortbewegungsmittel bringen, auf der waagrechten Achse ein Medium charakterisieren und auf der dritten Dimension nach hinten eine Antriebsenergie symbolisieren. Dann müßte es – im Kasten wär's enthalten – den atomgetriebenen, unter Plaster sich bewegenden Langlaufski geben. Zwar geht das wohl nicht. Aber vielleicht gibt es eine Reihe von Möglichkeiten, die doch machbar sein könnten.

So ist der Kostenwürfel in Abbildung 3a ein »morphologischer Kostenkasten«. Er verknüpft die Perspektiven Grenzkosten und Fixkosten mit der Beeinflußbarkeit kurzfristig und längerfristig sowie mit der Erfaßbarkeit als Einzelkosten.

Das älteste Orientierungspaar im Kostenwürfel ist Einzelkosten und Gemeinkosten. Das stammt aus der Buchhaltung. »Einzel«-Kosten sind solche, die einzeln mit Beleg erfaßbar sind – relativ zu Artikel, Artikelgruppe, Kostenstelle, Kostenstellengruppe.

Die senkrechte Achse in Abb. 3a – die Zuteilung zu Grenzkosten und Fixkosten – ergibt sich aus dem Anspruch, eine Deckungsbeitragsrechnung zu führen. Dabei sollte strikt definitionstechnisch gesagt werden, daß Grenzkosten jene Kosten sind, die das auf dem Markt zu verkaufende Produkt zu sich selber braucht, damit es physisch existiert. *Darin liegt der Grund für die Proportionalität.* Grenzkosten sind also die physische Existenz eines Produktes ausmachende Kosten. Sozusagen die Strukturformel eines Chemikers in ökonomischer Kategorie. Nicht die gedankliche Existenz, die Kosten der Entwicklung gehören in die Fixkosten. Physische Existenz wäre die Ausformung in der Produktion beziehungsweise die Warenbeschaffung im Handel; deshalb »Proko« – Produktkosten.

Fixkosten dagegen drücken aus die Struktur des organisatorischen »Gehäuses«. Vielleicht sollte man besser diese Kosten ***»Strukturkosten«*** nennen und die Grenzkosten vielleicht ***»Produktkosten«*** oder ***»Produktexistenzkosten«*** oder ***»Gestehungskosten«***.

Abgesehen vom Hilfswerkzeug »weil« und »damit« kann man sich auch behelfen mit der Frage: Was *schlüpft ins Produkt,* weil es physisch existiert? Das sind die Grenzkosten. *Was bemüht sich ums Produkt?* Das sind die Fixkosten. Bloß – je mehr man sich bemüht, um so größer ist auch das Paket der Struko.

Auf der waagrechten Achse des Kostenwürfels in Abbildung 3a befindet sich die *Beeinflußbarkeit* nach kurzfristig und längerfri-

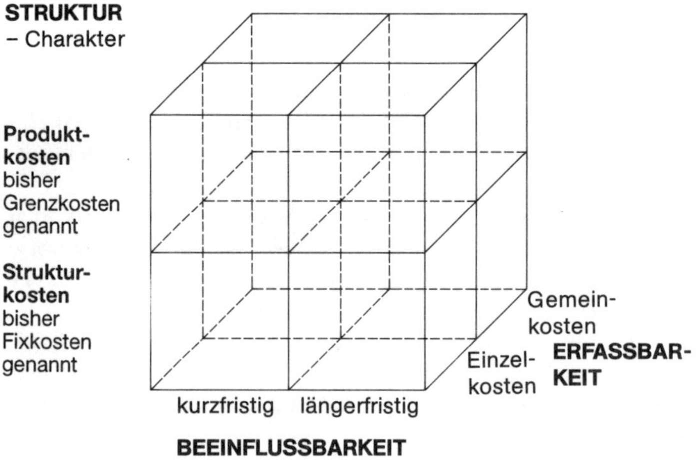

Abb. 3 a: Controller's Kostenwürfel – die Achsen sind Merkmals-Vektoren

stig. Bei den Personalkosten spielt der Salärvertrag oder die Kündigungsfrist für die Zuordnung nach proportional oder fix überhaupt keine Rolle. Dies ist das Thema der Beeinflußbarkeit. *Ob Bestandteil der Grenzkosten oder Fixkosten, richtet sich nach der Art der Tätigkeit:* Ist es Tätigkeit im Herstellprozeß des zu verkaufenden Produkts? Oder ist es Tätigkeit im Sinn von Regieführung, Ordnunghalten, für Unterlagen sorgen? Activity based cost!

Aber natürlich kann man auch für die Fixkosten Bezugsgrößen bilden wie Zahl der Briefe, Zahl der Bestellungen, Zahl der Aufträge abgewickelt – und sogar Tarife dafür berechnen. Das sind aber *nicht Grenzkostensätze, sondern Bemühungstarife* für die Fixkosten (z. B. für produktspezifische Kalkulation von Solldeckungsbeiträgen, für innerbetriebliche Leistungsverrechnung der Service-Stellen und für eine Kundenergebnisrechnung).

Controller's Kostenwürfel ist ein *Orientierungsschema* zur Kostenberichterstattung. Der Merksatz, der sich daraus ergibt, lautet: Kosten möglichst einzeln erfassen für jemand, der zuständig ist, und daraus Maßnahmen ableitet, die kurz- oder längerfristig das Produkt oder die Organisation verbessernd ändern.

Deshalb wird auch das Thema Grenzkosten viel zu oft verbunden mit der Idee der Preisuntergrenze. Natürlich ist es dafür auch nötig in dem Sinne, daß die dazukommenden Kosten für die physische Existenz des Produkts und der dazukommende Erlös, den dieses Produkt aus dem Markt holt, mindestens identisch sein müssen. Bloß *»Dauerbrenner« einer Information aus den Grenzkosten ist die* produktbezogene Wertanalyse. Eine Schraube am Produkt zuviel bedeutet zu hohe Grenzkosten. Läßt man sie weg, spart man was in der Stückliste wie im Arbeitsplan. Die Schraube im Kopf zu wenig hingegen bedeutet zu hohe Fixkosten. Jeder denkt nur an sich, die Kooperations-»Schraube« fehlt und die Unvernunft trifft sich im Lager.

Proportionale Vertriebskosten – für das physische Verbringen des Produktes zum Kunden – sollte man besser wie eine Erlösschmälerung behandeln. Hinter den Grenzkosten steckt dann die Produktversorgung in Produktion und Einkauf; deshalb neuerdings das Wort »Produktkostensatz«.

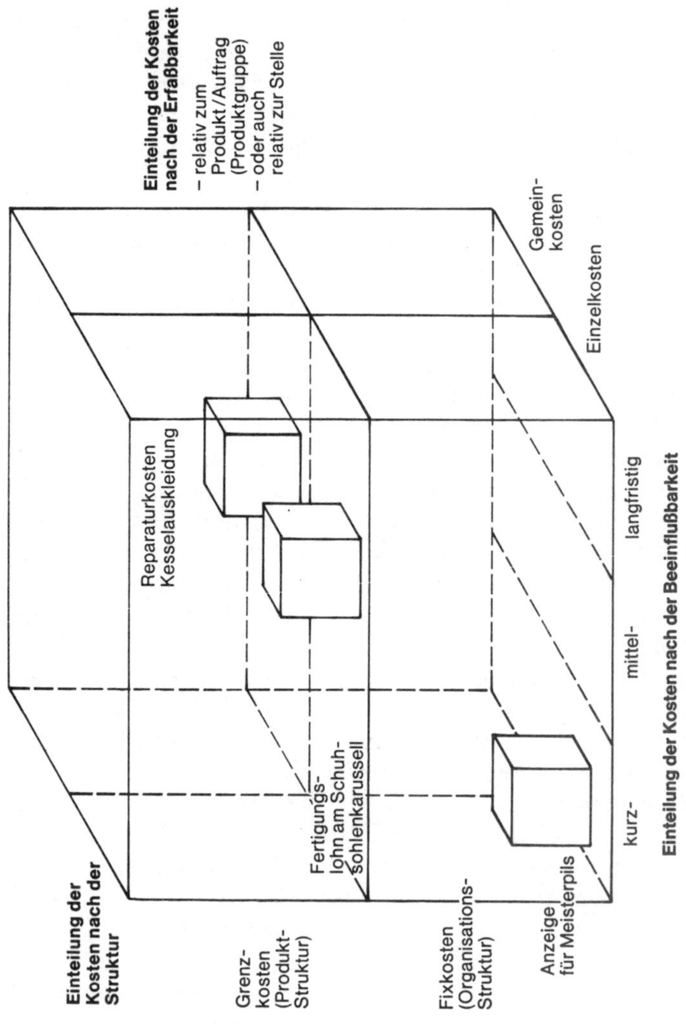

Abb. 3b: Controller's Kosten-Würfel mit Anwendungs-Kasuistik in 3 Fällen.

»Verkauf« der Gewinnzielsetzung im Break-even-Diagramm

»Our president ist not figure-minded«, sagte dem Verfasser einmal ein amerikanischer Controller. Er will also von Zahlen nichts wissen. Wenn ich ihn demnach motivieren will für Ziele und Konsequenzen in Zahlen, muß ich ihm ein Schaubild machen. »He watches it like a hawk«. Darüber wacht er wie ein Raubvogel. Also: auch der Controllerbereich muß für seine Zahlen-Informationen Marktforschung treiben und Probleme der Verpackungsgestaltung lösen. Jedenfalls läßt sich die Zielsetzung Gewinn in Form des folgenden Break-even-Schaubilds besonders gut und eindrucksvoll graphisch verpacken.

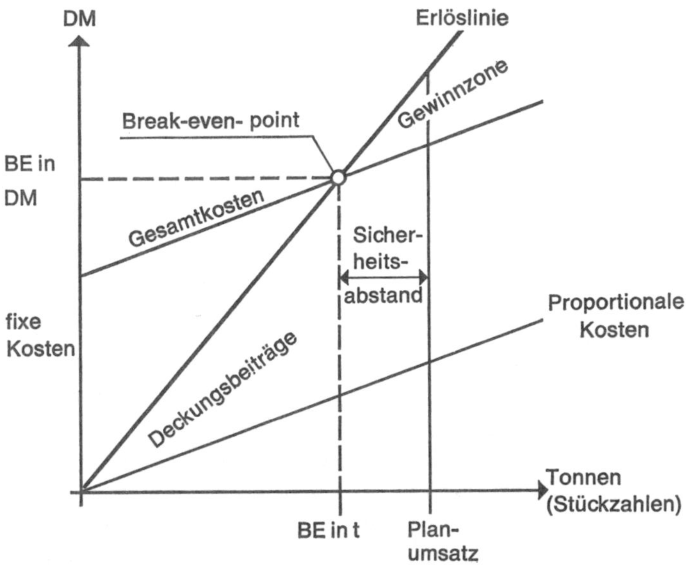

Abb. 4: Break-even-Diagramm: Kostendeckungs-Zielsetzung

Auf der waagrechten Achse ist die Mengenleistung angegeben; z. B. der Absatz in Tonnen. Auf der senkrechten Achse erscheinen Erlöse, Kosten und Gewinn. Die Erlös-Linie (Netto-

Erlöse) hat einen Anstieg in Form des durchschnittlichen Verkaufserlöses je Tonne. Muß wegen sehr differenzierten Sortiments auch auf der waagrechten Achse DM Umsatz als Marktleistung angegeben werden, so verläuft die Erlöslinie zwangsläufig als 45-Grad-Linie durch die Mitte des Diagramms. Zwischen der Erlöslinie und der Linie der proportionalen Kosten bildet sich die Schere des Deckungsbeitrags. Er ist zu definieren als Überschuß des Erlöses über die proportionalen Kosten; ist seinem Wesen nach ein Umsatzbegriff. Aus dem Umsatzüberschuß im Sinne des Deckungsbeitrags können die fixen Kosten abgedeckt werden. Das ist beim Break-even-Punkt erreicht. Dort ist die Summe der Deckungsbeiträge gerade so groß wie der Block der fixen Kosten. Break-even-Punkt könnte deshalb mit *»Gerade-eben-Punkt« verdeutscht werden* (Erlös- und Kostenfunktion identisch). Rechts vom Break-even-Punkt beginnt die Gewinnzone – und zwar sind dort die vollen Deckungsbeiträge Gewinn. Wenn ein alter Praktiker sagt, er mache seinen Gewinn im Weihnachtsgeschäft, so illustriert das Schaubild, was er meint. Die Deckungsbeiträge der Umsatzstrecke des Weihnachtsgeschäfts liegen in der Gewinnzone.

Wesentlich ist also, daß man nicht sagen kann: Deckungsbeiträge seien »fixe Kosten plus Gewinn«. Es ist so, daß die Erlösüberschüsse »Deckungsbeitrag« (amerikanisch »contribution«) hergenommen werden, um bis zum BE die fixen Kosten zu dekken. Danach sind die ganzen Deckungsbeiträge Gewinne. Außerdem zeigt das Diagramm, daß es Gewinne pro Stück des Artikels aus der Natur der Sache heraus nicht gibt. Nur die »Rechner« bringen solche Stückgewinne zustande, indem sie die fixen Kosten »umlegen« (das Kostenträgerdenken kann auf diese Weise zur Untugend werden). Häufig haben sie sich dann auch prompt etwas in die Tasche gerechnet. *Gewinne sind als Ziel der Unternehmung in einem Zeitraum zu definieren; und nicht als Gewinne pro Stück.* Allenfalls für die sogenannten »Profit Centers« lassen sich »Sub-Gewinne« als Zielsetzungen aufstellen; praktisch aber nicht als Gewinn, sondern als Deckungsbeiträge II oder III. Also sind es »Contribution Centers«.

Rechnerisch ergeben sich die Break-even-Points:

a) in DM Umsatz: $$\frac{\text{Fixe Kosten}}{\text{Deckungsbeitrag in \% vom Erlös}} \cdot 100$$

b) in Stück oder Tonnen: $$\frac{\text{Fixe Kosten}}{\text{Deckungsbeitrag je Einheit}}$$

Der Sicherheitsabstand ist zu errechnen:

$$\frac{\text{Plan-Umsatz — Break-even-Umsatz}}{\text{Plan-Umsatz}} \cdot 100$$

Etappen-Ziele bei der Gewinnzielsetzung

Zur Erläuterung der Struktur der Gewinnzielsetzung bewährt sich folgendes Check-Point-System bei der Formulierung des Break-even-Punkts als »objective« (Abb. 5).

Zunächst ist bei den fixen Kosten der Teil der ausgabenwirksamen Fixkosten wie Gehälter, Mieten, Werbekosten, Bürospesen, Beiträge usw. separat gekennzeichnet. Daraus ergibt sich – wenn in den Grenzkosten keine Abschreibungen enthalten sind – zunächst eine Art Bar-Break-even-point oder *»Out-of-pocket-point«*. Wenn dieser Punkt nicht erreicht werden sollte, schlingert die Unternehmung in finanzielle Gefahr. Man könnte auch vom »Roten-Telefon-Punkt« sprechen. Hier brauchen Controller und Treasurer engste Tuchfühlung. Der nächste Break-even-point signalisiert, daß auch das Deckungsziel für die kalkulatorischen Abschreibungen erreicht ist. Er könnte als Break-even-point der Substanzerhaltung bezeichnet werden. In dieser graphischen Darstellung wird auch besonders deutlich, daß Abschreibungen nichts anderes darstellen als eine Zielsetzung an Deckungsbeiträgen zur Finanzierung neuer Investitionen aus Abschreibungen; man könnte auch von einem Binden von Deckungsbeiträgen durch Abschreibungen sprechen.

Gewinne sind nicht nur Ergebnis, sondern auch Ziel. Deshalb sollte auch im Break-even-Diagramm der Gewinn nicht einfach als Zone ausgewiesen sein, in die man schließlich kommt, sondern es muß ein *Plangewinn als Anspruch* aufgestellt werden. Daraus entsteht das gesamte Deckungsziel, das beim BE 3 erreicht ist.

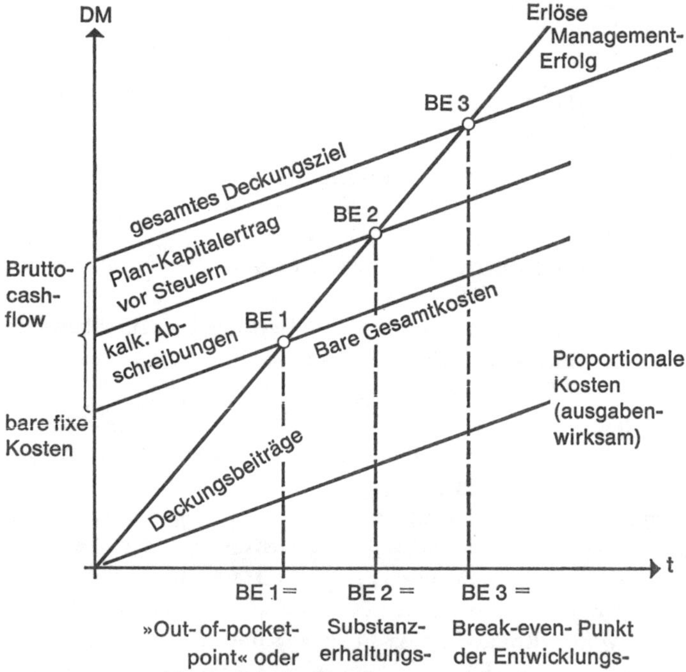

Abb. 5: Break-even-Diagramm mit Zwischenzielen

Man könnte ihn als Break-even-Punkt der Entwicklungsfähigkeit definieren, weil zur Finanzierung des »E« im Leitbild Gewinn nötig ist. Der BE 3 ist der *Budget-Zielpunkt*; hier wird das Budget als zielführend verabschiedet.

Die verbleibende Gewinn-Zone ist mit *»Management-Erfolg«*

gekennzeichnet. Management-Erfolg besagt, daß die Gewinnzielsetzung überschritten werden konnte. Wie beim Hochsprung. Beim gesamten Deckungsziel liegt die Meßlatte. Ein positiver Management-Erfolg bedeutet: »darüber gesprungen«. Liegt das Resultat nachher zwischen BE 2 und BE 3, so würde in der Management-Erfolgsrechnung eine Minus-Position auftauchen, die aber noch nicht Verlust bedeutet, sondern *nicht erreichtes Ziel.* Wird das Budget beim BE 3 als »Budget-Ziel-Punkt« verabschiedet, ist der Mangement-Erfolg = 0 (Objective). Ist ./. Ziel = 0 bedeutet Zielerfüllung.

»Return on investment« und »Cash flow«

Wie wird der Plangewinn des Diagramms definiert? Er folgt der Zielkennzahl: 15% Kapitalertrag vor Steuern und Fremdzinsen (vgl. Seite 18). Diese 15% sind zu beziehen auf das investierte Kapital (capital employed). Es steht l i n k s i n d e r B i l a n z. Auf der Aktivseite der Bilanz steht das Vermögen, das im Unternehmen arbeitet: Grund und Boden, Gebäude, Maschinen, Ausstattung, Läger an Fertig- und Halberzeugnissen, Rohstoff- und Magazinmateriallager, Kundenaußenstände, flüssige Mittel. Mit dem im Unternehmen arbeitenden Kapital gemäß Aktivseite der Bilanz wird der Ertrag erwirtschaftet. Deshalb muß sich die Zielsetzung des Kapitalertrags auf die Aktivseite der Bilanz beziehen. »Return on investment« – abgekürzt ROI –, das amerikanische Wort für Kapitalertrag, unterstreicht das: »Was auf die Investitionen zurückkehrt«. Auch interessiert den Manager in Technik und Verkauf oder den Sparten-Chef, was er als Kapital = Vermögensgegenstände braucht und nicht, wer dieses Kapital finanziert hat.

Wer das Kapital bezahlt hat, steht rechts in der Bilanz: Eigenkapital bestehend aus Aktienkapital und Rücklagen (in der Inhaberfirma das Kapitalkonto), mit Vorbehalten auch die Rückstellungen; Fremdkapital in Form von Bankschulden, Darlehensschulden, Verbindlichkeiten an Lieferanten, Anzahlungen von Kunden. Gemäß Passivseite der Bilanz ergibt sich, wer auf den erwirtschafteten Kapitalertrag Anspruch hat: Der Fremdkapitalgeber in Form der Zinsen, die Lieferantenverbindlichkeiten »kosten« nicht ausgenutzten Skonto-Ertrag. Lediglich zinslos gegebenes Fremdkapital wie vielleicht Anzahlungen von Kunden können mit der Aktivseite unter Verminderung des Kapitalertrags-Ziels heraussaldiert werden.

Angenommen, die Bilanzsumme beträgt 100 Millionen. Beläuft sich der Kapitalertrag auf 15% vor Steuern und Zinsen, so ergibt sich im Break-even-Diagramm für den Plangewinn ein jährliches Deckungsziel in Höhe von 15 Millionen. Aus diesem Fonds sind zu decken: die gewinnabhängigen Steuern, die Zinsen an das Fremdkapital, die Zahlung der Dividende bzw. die Privatentnahmen in Inhaberfirmen und Personengesellschaften, die Stärkung der Rücklagen. Die letzte Position sowie eventuell der ausdrücklich in der Bilanz stehende Gewinnvortrag stellen den einbehaltenen Gewinn dar. Die Rücklagenzuführung ließe sich als »economic value added« über »cost of capital« auffassen.

Cash flow – die finanzielle Manövriermasse – besteht aus Abschreibungen und Gewinn. Im Break-even-Diagramm ist *Cash flow jeder Deckungsbeitrag rechts vom »out-of-pocket-point«*. Allerdings handelt es sich hier um einen Brutto-Cash-Flow. Um zum Netto-Cash-Flow zu gelangen, sind abzusetzen die Steuern, Fremdzinsen, Dividenden bzw. Entnahmen. Der Netto-Cash-Flow besteht also aus den verdienten Abschreibungen, dem einbehaltenen Gewinn zur Stärkung der Rücklagen sowie den Netto-Zuführungen zu langfristigen Rückstellungen etwa für Pensionen.

Anmerkung zum Thema Steuern

Im Vordergrund der Steuerdiskussion steht die Steuerrate, bezogen auf den Gewinn. Sie ist hoch und verhindert deshalb manche Entwicklung, die sonst aus eigener Kraft hätte in Gang gesetzt werden können. Aber gut: entsprechend hoch müssen auch die Ziele für den Gewinn vor Steuern gesetzt werden.

Besonders problematisch ist indessen nicht allein die Höhe des Steuersatzes auf den Gewinn, sondern vor allem auch die Tatsache, daß *Steuern bar bezahlt werden müssen. Die Gewinne hingegen sind gewöhnlich nicht bar vorhanden,* sondern stecken im Lager oder in Investitionsgegenständen. So kann es passieren, daß nur wegen der Steuerzahlungen Kredit aufgenommen werden muß – und sei es durch Stundung beim Finanzamt. Also kommt zum Plafonds-Satz der Einkommen- bzw. Körperschaftsteuer sowie der Gewerbeertragsteuer auch noch die Verzinsung des Kredites, um die Steuern zu bezahlen. Kein Wunder also, wenn auch florierende mittelständische Unternehmen das Rennen aufgeben und sich in große inernationale Konzerne flüchten müssen (geschrieben 1971 – inzwischen vielfach eingetreten).

Für die Controller-Praxis folgt daraus, daß die Steuern ein so zentrales Finanzthema darstellen, daß sich der Treasurer in erster Priorität gerade darum zu kümmern hat und ihm deshalb – dies steht im Gegensatz zu vielen amerikanischen Organisationsbeispielen – die Betreuung der Steuern unterstellt sein sollte; zugleich mit Bilanzerstellung und Finanzbuchhaltung, weil steuerliche Tatbestände nicht erst dann bedacht werden können, wenn die Bilanz gemacht ist (vgl. auch Band II, im 11. Kapitel).

Wichtige Begriffe bei der Planung der Gewinnstruktur – gemäß IGC-Wörterbuch 1998

Break-Even-Analyse

Break-Even oder *Nutzschwelle* bezeichnet jenes Absatzvolumen, ab dem ein Unternehmen in die Gewinnzone gelangt. Bis zur Erreichung des *Break-Even-Punkts* werden alle Deckungsbeiträge von den anfallenden Strukturkosten des Betriebs aufgefressen. Erst ab der Nutz- oder Gewinnschwelle resultiert kumuliert ein Überschuß der Verkaufserlöse über die gesamten Kosten. Break-Even kann in drei Stufen erreicht werden:

- *Bar-Break-Even:* (out of pocket) — Die eingebrachten Verkaufserlöse decken sämtliche proportionalen

	und alle liquiditätswirksamen Strukturkosten
• *Break-Even der Substanzerhaltung:*	Die Verkaufserlöse decken auch die kalkulatorischen Abschreibungen/ Kosten
• *Ziel-Break-Even:*	Die Verkaufserlöse decken sämtliche Kosten inklusive dem geplanten Gewinn.

Cash Flow

Die direkte Methode beginnt bei der Gewinn- und Verlustrechnung:

Direkte Methode zur Ermittlung der verschiedenen Cash Flow-Größen

+ Nettoumsatz		15.900
+ Bestandszunahme Halb- u. Fertigprodukte		–
– Bestandsabnahme Halb- u. Fertigprodukte		520
– Materialaufwand der Periode		6.630
– Personalaufwand der Periode	3.500	
abzüglich Pensionsrückstellungen	– 30	3.470
– Fremdleistungsaufwand der Periode		1.000
– übriger Sachaufwand der Periode		1.200
– Freiwillige Zuwendungen (aus dem Ergebnis)		80
= Cash Flow vor Zinsen und vor Steuern (CFBIT)		3.000
– Fremdzinsen (Finanzergebnis)		630
– Ertragsteuern		340
= Brutto – Cash Flow = CF I		2.030
– Zunahme Debitorenbestand		100
– Bestandszunahme Roh-, Hilfs- und Betriebsstoffe		100
+ Bestandsabnahme Halb- und Fertigprodukte		520
+ Zunahme zinsfreie Schulden		90
+ Ertragsteuern		340
= Cash Flow From Operations = CF II		2.780
+ Fremdzinsen		630
– Ertragsteuern		340
– Investitionen ins Anlagevermögen		650
+ Desinvestitionen des Anlagevermögens		200
= Free Cash Flow		2.620

Die indirekte Methode, die gleich mit dem Cash Flow beginnt (Testzahl 2030) schildert Abb. 35 auf Seite 170 Bd. I.

Deckungsbeitragsrechnung

Die Deckungsbeitragsrechnung ist das Instrument zur Planung und Steuerung des Unternehmens zum Gewinnziel hin mit der Doppelaufgabe:

- Entscheidungen in ihrer Auswirkung auf den Gewinn besser beurteilen zu helfen *(Decision Accounting)*
- Ziele in Zahlen zur Leistungsbeurteilung von Führungskräften zu formulieren *(Responsibility Accounting).*

Deckungsbeitragsrechnung ist die Verknüpfung von marktorientierter Denkweise mit betrieblichen Mengen und Werten; sie führt zum Denken vom Kunden her. Die Aussageform der gut ausgebauten Deckungsbeitragsrechnung macht Marktplanung sowie technische und organisatorische Strukturen daraufhin transparent, ob sie insgesamt zum Ergebnisziel führen.

Erwartungsrechnung

Die *Erwartungsrechnung* ist die logische Fortsetzung des Soll-Ist-Vergleichs. Darin werden die Erwartungen der Führungskräfte für die verbleibende Planperiode abgefragt, quantifiziert und qualifiziert, um zu erkennen, ob es bis zum Jahresende (oder bis zum Planende) gelingen wird, die festgelegten Ziele zu erreichen. Gesucht wird das voraussichtliche Ist, weshalb man auch von einer *Ist-Wird-Rechnung* spricht. Auf der Basis der bisher erreichten Resultate, der gewonnenen Erfahrungen und des noch verbleibenden Plans überlegen sich die Führungskräfte Korrekturmaßnahmen und deren Auswirkungen. In Zusammenarbeit mit Controllern werden die quantifizierten Erwartungen von Kostenstellen, Kostenträgern und Erlösträgern zusammengefaßt und verdichtet, um beurteilen zu können, ob die finanz- und erfolgswirtschaftlichen Ziele realisierbar sind, bzw. wie groß die Abweichung vom Plan nach *„latest estimate«* sein wird. Die Erwartungsrechnung beruht auf dem Prinzip der Vorkopplung und ist damit eine zukunftsorientierte Betrachtung.

Return on Investment (ROI)

Der *Return on Investment* ist das, was aus dem Investment »zurückkehren« soll. Er drückt somit das Gewinnziel aus. Der Gewinn wird auf das investierte, *betriebsnotwendige Vermögen bezogen*, weil die Führungskräfte den Gewinn mit der Investition – mit den vorhandenen Gütern – erarbeiten müssen. Die Kennzahl ROI läßt sich zerlegen in zwei Grundkomponenten:

ROI = Umsatzrentabilität x Kapitalumschlag

$$\text{ROI} = \frac{\text{Gewinn vor Ertragsteuern und Zinsen x 100\%}}{\text{Umsatz}} \times \frac{\text{Umsatz}}{\text{betriebsnotwendiges Vermögen}}$$

Gesamtkapitalrentabilität ist der deutsche Begriff für ROI. Dabei ist jedoch als Basis das betriebsnotwendige Vermögen zu verwenden und nicht die unbereinigte Bilanzsumme.

Produktkosten (Proko)

Produktkosten sind die Kosten, die das zu verkaufende Produkt oder die zu verkaufende Dienstleistung selber verzehrt; die ihre physische Existenz ausmachen. Den technischen Hintergrund bilden: *Stückliste*, Rezept und *Arbeitsplan*. Produktkosten sind immer je Kalkulationseinheit formuliert – je Stunde, je Stück, je Kilogramm, je Auftrag. Daraus folgt, daß es dazukommende Kosten sind für »eine Einheit mehr«. Die Produktkosten werden auch als *»Grenzkosten«* oder *proportionale Kosten* bezeichnet.

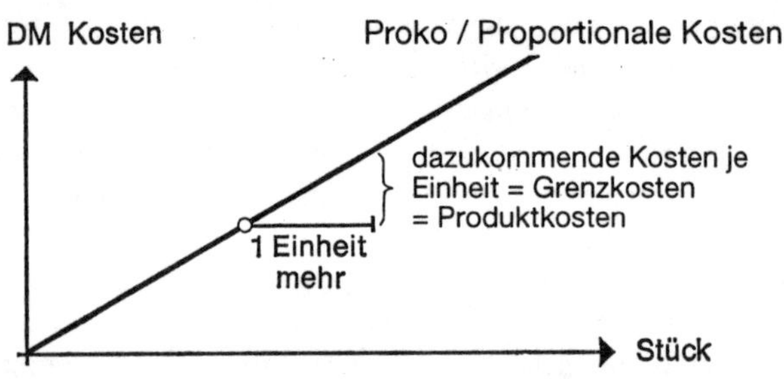

Abb. 6: Produktkostenbild

Shareholder Value

Es gelten folgende Definitionen:

Shareholder Value = Unternehmenswert – Fremdkapital

Unternehmenswert = Gegenwartswert aller zukünftigen Free Cash Flows

Kapitalkostensatz = FKZ x FKA x (1-t) + (Beta x (MKZ – RFZ) + RFZ) x EKA

FKZ	=	vom Unternehmen durchschnittlich für das Fremdkapital bezahlte Zinsen: 6,5%
FKA	=	Fremdkapitalanteil an der Bilanzsumme: 60%
t	=	Ertragsteuersatz vom Gewinn vor Steuern: 30%
Beta	=	Beta-Faktor, zeigt an, wie stark der Aktienkurs in dieser Branche, diesem Unternehmen schwankt, wenn der Börsenindex um eine Einheit steigt: 1,5
MKZ	=	Erwartete durchschnittliche Marktrendite für eine Branche oder einen Markt: 8%
RFZ	=	Zinssatz für risikolose Geldanlage: 5%
EKA	=	Eigenkapitalanteil an der Bilanzsumme: 40%

Kapitalkostensatz: 6,5% x 60% x (1-30%) + (1,5 x (8% – 5%) + 5%) x 40% = 6,53%

Free Cash Flow des Betrachtungshorizonts: durchschnittlich 1,7 Mio. pro Jahr

Ewige Rente = Free Cash Flow p.a. / Kapitalkostensatz = 1,7 Mio / 6,53% = 26,03 Mio.

Unternehmenswert = ewige Rente = Barwert aller zukünftigen Free Cash Flows

Shareholder Value = 26,03 Mio. – 10 Mio. Fremdkapital (Annahme) = 16,03 Mio.

Strukturkosten (Struko)

Strukturkosten sind Kosten, die den organisatorischen Rahmen in der Akquisition, in der Werbung, in der Forschung für neue Produkte, in der Administration, in der Logistik, in der Unternehmenskultur, in der Navigationsfähigkeit des Unternehmens abbilden. Auch die Strukturkosten sind vorgangsrelevant zu planen, im Verbund mit *Standards of Performance* (SOP) für Qualitäten und für Mengen. Die Strukturkosten werden auch *Fixkosten*, Periodenkosten oder *Bereitschaftskosten* genannt.

Eigene Notizen zu Begriffen:

3. Kapitel

Modellbeispiel zur Gewinnplanung und Gewinnsteuerung – »Getränkestand-Modell« –

Um die Art der Planungs- und Steuerungs-Informationen zu charakterisieren, die von seiten des Controllers zu liefern sind, wird jetzt ein von mir seit etwa 1963 im Management-Training bewährtes Denkmodell geschildert. Dieses Modell soll dazu dienen, die Deckungsbeitragsrechnung als ein Management-Informations-System zur Gewinnplanung und Gewinnsteuerung zu erläutern. Ohne das Werkzeug der Deckungsbeitragsrechnung ist nämlich die Controller-Funktion praktisch nicht erfüllbar. Das Beispiel dient auch der Idee, auf diese Weise das Thema weitererzählen zu können. Wer Controllerfunktion erfüllt, hat immer zugleich Traineraufgaben.

Die Ausgangssituation

Ein Unternehmer will auf einer Messe einen Getränkestand betreiben. Er mietet von der Messeleitung einen Stand, der folgendermaßen aussieht, und bezahlt dafür eine tägliche Miete von 100,– (seine »Strukturkosten«).

Das Artikelsortiment im Getränkestand beschränkt sich während der ersten Messekampagne auf die beiden Artikel *Bier in Flaschen* und *Kaffee in Pappbechern*. Die Verkaufspreise für die beiden Artikel werden je Einheit – noch ohne große strategische Überlegungen einfach kraft »unternehmerischer Einsicht« bzw. durch Orientieren bei der Konkurrenz – beim Kaffee auf 0,50 und beim Bier auf 0,70 festgesetzt. Der nächste Schritt bei der Vorplanung wäre eine Kalkulation der

G r e n z k o s t e n für diese beiden Artikel. Diese Frage ist im Falle des Bieres schnell beantwortet. Hier ist der Unternehmer Händler. Er kauft die Flasche Bier zu 0,43 ein.

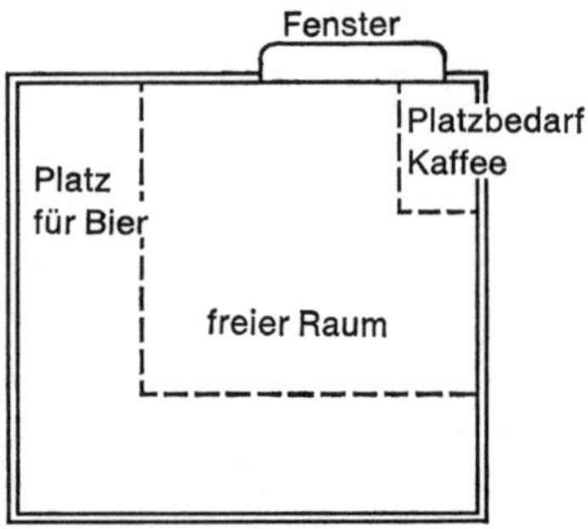

Abb. 7: Raumeinteilung im Getränkestand

Im Falle des Kaffees findet eine Art Produktions- oder Montagevorgang statt. Die nebenstehende Abbildung zeigt, daß der Kaffee mit einem Instant-Pulver in Pappbechern ausgeschenkt wird. Das heiße Wasser steht in einem Thermosbehälter, der mit Strom beheizt ist, zur Verfügung. Die Kunden erhalten außerdem ein kleines Plastiklöffelchen zum Umrühren. Vor dem Fenster des Getränkestandes stehen Milch und Zucker zur Selbstbedienung. Was sind hier nun die Grenzkosten; d. h. die Kosten, die dazukommen, wenn ein Becher Kaffee zusätzlich ausgeschenkt wird, was dessen physische Existenz ausmacht? Product Cost/Proco?

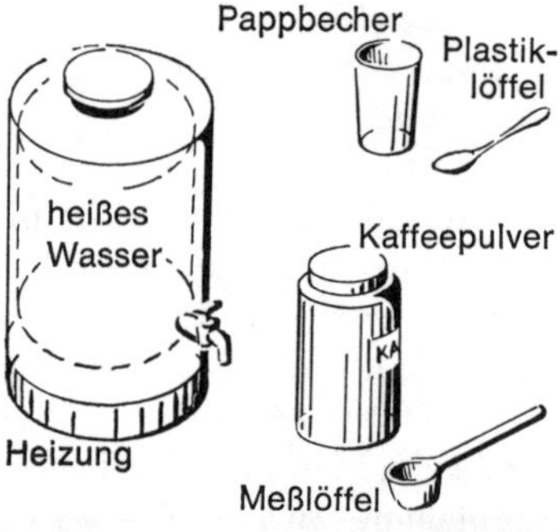

Abb. 8: Utensilien zur Kaffee-»Produktion«

Dazu gehört das Rezept an Kaffeepulver laut Meßlöffel. Dies ließe sich standardisieren kraft eigener Entscheidung der zu liefernden Kaffeestärke. Für Milch und Zucker müßte ein durchschnittlicher Standardbetrag angesetzt werden. Zur Rezeptur käme die Ausstattungsstückliste. Dies wäre der Becher und das Löffelchen zum Umrühren – (noch) nach dem Einweg-Prinzip. Soweit gesehen wären die Produktkosten (vormals Grenzkosten genannt) die Rezeptur und die Stückliste – von Haus aus je Einheit des extern an den Markt zu verkaufenden Produktes formuliert.

Das heiße Wasser könnte als Bauteil aufgefaßt werden. Was die Wassereinheit an Strom aufgesaugt hat, ist ebenfalls Produktkosten-Bestandteil. Man könnte eine Art Energie-Rezept formulieren. Was im Beispiel dann nicht weiter beachtet ist, betrifft den Arbeitsplan des Einfüllens von Kaffepulver und Wasser in die Becher. Dies wird im Beispiel als Strukturkosten behandelt. Würde es sich aber hier um eine Großserienfertigung handeln, müßte man diese Arbeitsplanpositionen – sozusagen rezeptierte Zeiten – in die Produktkostenstruktur einbeziehen. Ob etwas Produktkosten- oder Strukturkostenbestandteil ist, folgt aus der Verwendung von Zeit. Ein Handgriff, der die physische Existenz

Abb. 9: Artikelerfolgsrechnung mit »Stückgewinn«

	Kaffee (Kalkulation pro Becher)	bei 1000 Bechern Absatz	Bier (Kalkulation pro Flasche)	bei 1000 Flaschen Absatz	Summe
Verkaufspreis bzw. Erlös	0,50	500,–	0,70	700,–	1200,–
Einstandspreis bzw. proportionale Kosten	0,30	300,–	0,43	430,–	730,–
Deckungsbeitrag	0,20	200,–	0,27	270,–	470,–
Verteilung der Miete nach Platzbeanspruchung	0,01	(10%) 10,–	0,09	(90%) 90,–	100,–
Gewinn	0,19	190,–	0,18	180,–	370,–

des zu verkaufenden Produktes erzeugt, ist Produktkosten-Element; ein Verkaufsgespräch, das die Kundschaft berät daraufhin, was sie nehmen soll, ist Strukturkosten-Element.

Das Ergebnis des ersten Messetages

Am Ende des ersten Tages stellt der Unternehmer fest, daß er von jedem seiner beiden Artikel 1000 Einheiten abgesetzt hat. Daraus ergibt sich die Artikelerfolgsrechnung der Abb. 9.

Diese Artikelerfolgsrechnung ist parallel im Sinne der Dekkungsbeitragsrechnung sowie der Vollkosten-Überwälzungsrechnung durchgeführt. Für die letztere mußte die Miete nach einem Schlüssel des Platzbedarfs auf die beiden Artikel verteilt werden. Nach einer Analyse der Raumverhältnisse im Getränkestand ergab sich ein Platzbedarf von Bier zu Kaffee wie 9 zu 1. Der Stand ist nicht voll belegt. Der freie Raum wird in demselben Verhältnis aufgeteilt, so daß also 90% von der Miete auf das Bier entfallen und 10% auf den Kaffee. Daraus ergibt sich ein Biergewinn von 180,–, ein Kaffeegewinn von 190,–. Der Gewinn je Becher Kaffee beläuft sich auf 0,19. Der Gewinn je Flasche Bier auf 0,18. Und jetzt stellt sich die Frage, welchen Artikel dieser Standinhaber morgen besonders empfehlen soll, wenn er mehr als 370,– Gewinn erzielen will.

Welcher Artikel ist der bessere Verdiener?

Auch in diesem Modellfall stellt sich das Problem der Verkaufsstrategie genau wie in der Praxis der Verkaufsarbeit auch. Es geht darum, den Artikel zu forcieren, der mehr Gewinn bringt. Natürlich ist das nicht beliebig möglich. Ein Kunde, der von vornherein auf Bier festgelegt ist, wird sich durch eine noch so beredte Argumentation des Verkäufers nicht für Kaffee »umfunktionieren« lassen. Aber es gibt immer einige, die haben das Bedürfnis Durst und wollen etwas haben. Jenen wäre eine Empfehlung zu geben, die nicht nur das Kundenbedürfnis, sondern auch die eigene Erlös- und Kostensituation berücksichtigt. Dabei wäre unter Verkaufsstrategie vorerst nur einmal das Verkaufsgespräch selber zu verstehen. Was soll der Verkäufer aus seinem Sortiment heraus dem Kunden zuerst anbieten, wofür soll er sich in seiner Argumentation besonders einsetzen und welches Erzeugnis soll er besonders intensiv präsentieren?

Orientieren wir uns zuerst einmal nach althergebrachter Tradition am »Gewinn« pro Stück. Erhält der Unternehmer als Zahleninformation nur die letzte Zeile und erfährt er sonst nichts, wird er fraglos der Auffassung sein, daß am Kaffee mehr verdient wird und er sich demzufolge möglichst für den Absatz des Kaffees einsetzen soll.

a) Orientierung nach den Daten der Vollkosten-Überwälzungsrechnung

	Kaffee	Bier	Summe
Stückzahl	1 500	500	2 000
Erlöse:	750,—	350,—	1 100,—
Prop. Kosten:	450,—	215,—	665,—
Deckungsbeiträge:	300,—	135,—	435,—
Miete:	(30,—)	(70,—)	100,—
Gewinn			335,—

Hier sieht man ein echtes Beispiel für »management by surprise«. Der Unternehmer hat das den Zahlen der letzten Zeile nach unbestreitbar gewinngünstigere Produkt forciert – er hat seinen Sales Mix innerhalb der Einheiten von zusammen wieder 2000 zugunsten des Kaffees umgeschichtet – und der Gewinn steigt nicht, sondern er fällt.

Auch steckt hierin ein menschlicher Konflikt. Wird der Fachmann des Rechnungswesens als »Rechner« aufgefaßt und betreibt er seine Arbeit gemäß diesem Image, so wird er in Konflikt geraten; denn er hat richtig gerechnet. Aber er hat a b s e n d e r o r i e n t i e r t gerechnet. Er hat nicht e m p f ä n g e r o r i e n t i e r t Zahlen angeboten so, wie sie das Verkaufsmanagement zur Steuerung seines Programms braucht.

b) Orientierung nach den Daten der Deckungsbeitragsrechnung

Die Kontrollfrage eines empfängerorientierten Informationswesens lautet immer wieder: »*Was ändert sich?*« Was ändert sich nämlich, wenn einem Kunden anstelle eines Bechers Kaffee, den er vielleicht ursprünglich wollte, z. B. eine Flasche Bier verkauft werden kann. Es wird nicht erzielt der Verkaufspreis des Kaffees, es entsteht nicht der Grenzkostensatz des Bechers Kaffee. Dafür wird erlöst der Verkaufspreis der Flasche Bier; es kommen hinzu die Einstandskosten der Flasche Bier. Was sich ändert sind die Deckungsbeiträge. Anstelle von 0,20 Deckungsbeitrag im Falle des Kaffeeabschlusses wird ein Deckungsbeitrag von 0,27 durch den Bierverkauf hereingeholt. Planen wir wieder innerhalb eines Absatzvolumens von 2000 Einheiten einen neuen Sales Mix, der jetzt zugunsten von Bier verschoben sein soll:

	Kaffee	Bier	Summe
Stückzahl:	500	1 500	2 000
Erlöse:	250,—	1 050,—	1 300,—
Prop. Kosten:	150,—	645,—	795,—
Deckungsbeiträge:	100,—	405,—	505,—
Miete:	(5,—)	(95,—)	100,—
Gewinn			405,—

Der Gewinn ist erwartungsgemäß gestiegen. Zur Verdeutlichung, daß die Fixkosten auf diese Frage keinerlei Einfluß haben, könnte in diesem Beispiel nochmals eine neue Verteilung gemacht werden. Vielleicht wird dann am Ende des zweiten Tages herauskommen, daß der Platzbedarf für Bier 95% gegen 5% beim Kaffee beträgt. Oder wir können im ersten Beispiel, in dem der Kaffee forciert worden ist, vielleicht 30% Miete auf den Kaffee zuordnen und nur 70% auf den Artikel Bier. In jedem der beiden Fälle ändert sich der Gewinn von einmal 335,– und zum anderen von 405,– um kein kleines bißchen. Infolgedessen hat diese Verteilung auf die Management-Frage, wie man vorgehen soll, *um mehr Gewinn* zu erwirtschaften, keinerlei Einfluß. Es handelt sich um eine Rechnerei ohne Informations-Sinn.

Wobei bis jetzt die sich mit der Entscheidung ändernden Kosten mit den Grenzkosten/Proko identisch sind (Kostenwürfel o. li.).

Daß die Deckungsbeiträge die *maßgebliche Steuerungs-Information* im Hinblick auf das Gewinnziel bilden, entspricht einem zwingenden logischen Prinzip. Die Fragestellung lautet doch: Welcher Artikel ist der bessere Verdiener? Diese Information wird aber nicht einfach deshalb verlangt, um sie eben zu wissen und anschließend die betreffende Liste ablegen zu lassen. Sondern auf Grund dieser Information soll etwas geschehen – soll sich etwas ä n d e r n. Von dem günstigeren Artikel soll nämlich mehr verkauft werden. Dabei ändern sich die Verkaufserlöse, die Grenzkosten dieses Erlöses und die Deckungsbeiträge. Die Miete bleibt sowieso da. Sie ändert sich nicht. Sie hat infolgedessen mit der Artikelsortimentspolitik nichts zu tun. Grundsätzlich geht es bei allen Entscheidungen, die auf eine Verbesserung hinauslaufen, gleichzeitig um eine Änderung der momentan bestehenden oder erreichten Situation. Sollen für derartige Entscheidungen passende Informationen bereitgestellt werden, so müssen es solche Werte sein, die sich in Verbindung mit der zur Debatte stehenden Alternative ebenfalls ändern.

Die Nettogewinne von 0,18 und 0,19 sind auf Grund statischer Annahmen zustande gekommen. Einmal ist der Verteilungsschlüssel statisch. Er bildet das Ergebnis einer Momentaufnahme. Andererseits ist die Bezugsbasis von 1000 Einheiten bei jedem der beiden Artikel, die ja zwingend vorauszusetzen war, bevor die Nettogewinne nach Verteilung der Mietkosten errechnet werden konnten, gleichfalls eine statische Größe. Der Gewinn von 0,18 beim Bier und 0,19 beim Kaffee gilt nur bei genau 1000 Einheiten. Eben diese 1000 Einheiten sind aber die Größe, die geändert werden soll. Wer sich nach den Daten der Vollkosten-Überwälzungsrechnung richtet, begeht logisch einen Zirkelschluß. Er baut eine Entscheidung auf Voraussetzungen auf, die ihrerseits wieder vom Ergebnis seiner Entscheidung erst abhängen.

Wenn aber vor dem Getränkestand eine Warteschlange steht . . .

Der Deckungsbeitrag kann mit einem pharmazeutischen Präparat verglichen werden. Das »Medikament« Deckungsbeitrag ist erforderlich für die »Gewinntherapie«. Aber wie bei den Medikamenten auch, kommt es jetzt auf die *Darreichungsform* an. So kann ein pharmazeutisches Produkt entweder als Tabletten, als Tröpfchen, als Ampullen oder als Suppositorien verabreicht werden. Entsprechend ist auch je nach Situation des Patienten zu prüfen, welche »Darreichungsform des Deckungsbeitrags« die jeweils geeignete ist.

Bisher wurde der Deckungsbeitrag in der Form »DM je Verkaufseinheit« verabreicht. Wenn jetzt aber vor dem Getränkestand eine Warteschlange steht, so hängt das Volumen der erzielbaren Deckungsbeiträge nicht mehr allein vom Deckungsbeitrag je Becher Kaffee oder je Flasche Bier ab, sondern auch noch von der Bedienungszeit. Diese Bedienungszeit spielt erst dann eine Rolle, wenn die Zeit zum Engpaß wird. Sie wird ein Engpaß, wenn die Warteschlange auftritt und nicht unterstellt werden kann, daß die Kunden beliebig lange warten. Jetzt kommt es für den Unternehmer darauf an, innerhalb einer knappen Zeit möglichst viele Deckungsbeiträge zu erwirtschaften. Er muß dazu eine Zeitanalyse machen. Welcher Artikel ist aufwendiger in der Bedienungszeit? Es könnte sein, daß der Kaffee aufwendiger ist; dann bliebe es fraglos beim Bier als dem günstigeren Artikel. Es wäre aber auch denkbar, daß der Kaffee schneller geht; zumal die Becher schon vorgefüllt sein könnten und mit weniger Wechselgeld zu operieren ist als beim Bier. In diesem Falle wäre dann der Kaffee der günstigere Artikel, weil er in der neuen Darreichungsform des Deckungsbeitrages *»DM je Minute Bedienungszeit«* besser wegkommt.

Dieses Beispiel zeigt auch sehr deutlich, daß im Management die Fragestellungen flexibel und situationell zu unterscheiden sind. Entsprechend situationell sind vom Controller auch die Zahleninformationen bereitzuhalten. Im Laufe eines

Verkaufstages kann sich die Strategie ändern müssen je nachdem, ob im Getränkestandmodell eine Warteschlange auftritt oder nicht. Tritt die Warteschlange auf, spielt nicht mehr der Deckungsbeitrag allein, sondern auch die Bedienungszeit eine Rolle. Der Unternehmer richtet sich nach dem Kriterium Dekkungsbeitrag je Bedienungsminute. Wird er hingegen mit den einzelnen Kunden bequem »fertig«, weil sie gleichmäßig bei ihm ankommen, richtet er sich nach der Strategiezahl »Dekkungsbeitrag je Stück«.

Forcieren des Bierabsatzes durch Werbung

Das Modell des Getränkestandes ging bis jetzt nur davon aus, daß das günstigere Erzeugnis durch das Verkaufsgespräch gefördert werden soll. Eine bereits vorhandene Kapazität – nämlich die des Verkäufers – soll besser auch auf das Gewinnziel hingesteuert werden. Die Mittel dazu sind die bessere Auswahl der Argumente im Verkaufsgespräch und eine günstigere Reihenfolge bei der Präsentation des Sortiments. Diese Mittel der Verkaufsstrategie erfordern keinen zusätzlichen Aufwand. Es handelt sich um einen besseren Einsatz von Kosten, die bereits da sind. Der Gewinn verbessert sich dadurch schon, daß vom günstigeren Erzeugnis nach Deckungsbeitrag je Stück oder Dekkungsbeitrag je Minute irgendeine Stückzahl mehr verkauft wird.

Nehmen wir aber jetzt zusätzlich an, daß der Bierabsatz durch einen Werbeangriff forciert werden soll. Im Beispiel ginge es darum, einen Studenten zu engagieren und ihn als sogenannten Sandwichmann einzusetzen; d. h. er hat vor und hinter sich ein Plakat, das für das Bier unseres Getränkestandes wirbt. Der Student ist tageweise zu heuern. Er verlangt ein Honorar von 50,– je Tag. Frage: Soll man ihn engagieren? Weitere Frage: Was ist mit diesen 50,– zusätzlichen Kosten speziell für das Bier? Gehören diese Kosten jetzt nicht auch zu den proportionalen Kosten des Bierumsatzes? Sie kommen doch jetzt auch dazu gemäß der Kontrollfrage »Was ändert sich?«.

Gemäß Kostenwürfel sind die Werbekosten

1. fix (nicht das Produkt Bier hat sie verursacht, also Struko);
2. direkt (einzeln für Bier erfaßbar);
3. kurzfristig beeinflußbar.

Im Falle zusätzlich disponierter fixer Kosten genügt es nun allerdings nicht, irgendeine Stückzahl vom günstigeren Erzeugnis mehr zu verkaufen, sondern es muß mit Hilfe der Werbung möglich sein, *mindestens eine ganz bestimmte Stückzahl zusätzlich* zu erreichen. Im Falle des Studenten, der für Bier werben soll, wäre erforderlich, daß durch seine Mitarbeit mindestens 50 : 0,27 = 186 Stück mehr verkauft werden. Es ist also ein »objective« zu setzen für den Absatzzuwachs. Hier zeigt sich auch die Kooperation zwischen Controller und Verkaufschef. Der Mann des Rechnungswesens *hilft, die Ziele zu setzen.* Er muß bei der Bildung von Zielen so vorgehen, daß die Gewinnzielsetzung sichergestellt ist. Der Einstieg in eine solche Überlegung ist am günstigsten die gegenwärtige Situation. Der »Besitzstand« soll sich nicht verschlechtern. Soll mehr Werbung gemacht werden, muß mindestens so viel mehr an Absatz herauskommen, daß jedenfalls die neuen Fixkosten für Werbung durch die Deckungsbeiträge der zusätzlichen Verkäufe abgedeckt sind und durch die neuen Werbekosten der Gewinn nicht zurückgeht. Kann andererseits der Verkaufsmanager auf Grund seiner Kenntnis des Marktes, der Kunden, der Mitbewerber und auf Grund der Art von Werbung, die er vorhat, das »commitment« übernehmen, mehr als diesen Mindestabsatz zu erreichen, wäre die Werbekampagne in Ordnung.

Unterstellen wir, der Inhaber unseres Getränkestandes habe dieses Spannungsverhältnis in der Art eines Selbstgespräches mit sich ausgekämpft. Im Konflikt zwischen Mindestziel, verlangt von den Gewinn-Objectives her, und der im Markt erreichbaren

Zielsetzung sei er zur Auffassung gekommen, mit Hilfe des Studenten sowie unterstützt durch seine eigene Verkaufsargumentation beim Bier 500 Flaschen mehr zu verkaufen. Er engagiert den »Werber« zur Veranstaltung eines »drink in« an seinem Getränkestand.

Preisrevision und Gewinnplanung

Welches der beiden Produkte ist preisempfindlicher? Artikel Bier ist ein Markenartikel. Wer von der betreffenden Brauerei beliefert wird, hat dieselbe Marke. Deshalb sind hier auch die Verkaufspreise unter den Mitbewerbern vergleichbar. Wenn überhaupt eine Preisänderung beim Bier in Frage kommt, würde es sich um eine Preissenkung handeln müssen. Wenn aber die Mitbewerber dann auch ihre Preise reduzieren? Dann hat die Branche der Getränkestandleute nichts gewonnen – es sei denn die Kunden würden als Folge der Preissenkung auf der ganzen Linie des Angebots ihren Bierkonsum erhöhen. Dadurch würde der Gesamt-Biermarkt auf dem Messeplatz wachsen. Preissenkungen zur Erhöhung des Marktanteils sind hingegen meist das falsche Rezept. Zur Erreichung des Ziels eines größeren Marktanteils empfiehlt sich mehr die bereits beschlossene Werbestrategie mit dem Sandwich-Mann. Also bleibt beim Bier der Verkaufspreis unverändert.

Beim Kaffee jedoch bietet unser Getränkestand *»die besondere Mischung!«*. Hier besteht – in Grenzen natürlich – die Möglichkeit zu einer eigenen, individuellen Preisstrategie.

Das Produkt Kaffee ist mit den Mischungen der anderen Stände nicht voll vergleichbar. »Unser Kaffee ist besser«; »wir liefern nicht einfach Kaffee, sondern schnelles Schalten bei Messegesprächen«. Die Nachfragefunktion für Kaffee auf dem Messeplatz könnte gekrümmt verlaufen, wie Abb. 10 zeigt. Es gibt einen begrenzten Bereich einer »steilen«, preisunelastischen Nachfrage. Hier ist Spielraum für eine individuelle Verkaufspreispolitik. Würde der Verkaufspreis den oberen Punkt dieser unelastischen Zone der Preis-Absatz-Funktion erreichen, so kippt die Nachfrage erheblich ab. Die Kunden ärgern sich. Sie bleiben der Marke nicht treu. »Die machen unverschämte Preise«, wäre die Meinung des Marktes. Bei ganz tiefen Verkaufspreisen könnte sich die Nachfragefunktion vielleicht scharf nach rechts herausbiegen. Durch ein so vorteilhaftes Angebot könnten Kunden angelockt werden, die normalerweise kein Getränk zu sich genommen hätten oder die sich sagen: »Das muß man ausnutzen«. Andererseits könnte aber die Gesamtnachfrage dadurch zusammenbrechen. Die Kaffee-Stammkunden hätten vielleicht das Gefühl, daß der Kaffee dünner geworden sein müsse, wenn jetzt solche niedrigen Preise möglich sein sollen. Der Verkaufspreis eines Konsumguts ist sehr häufig auch ein Signal der Qualität. Man spricht von Preisbändern im Marketing.

Wertanalyse und Verkaufspreisentscheidung hängen eng miteinander zusammen. Wird ein Soll im Deckungsbeitrag festgelegt und erweist sich eine Preiserhöhung von der Wachstums-

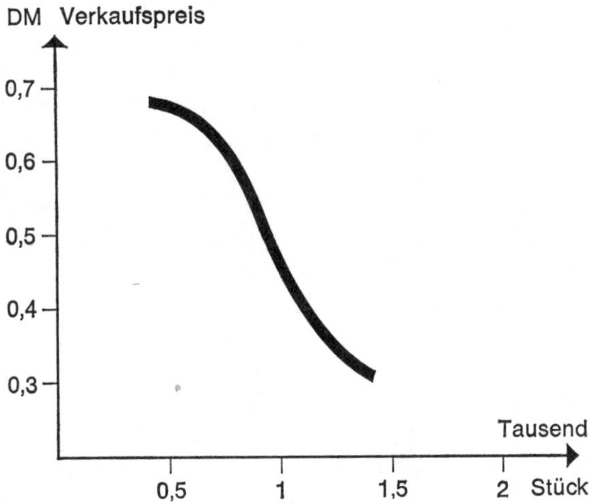

Abb. 10: Nachfragefunktion (Preis-Absatzfunktion)

zielsetzung im Markt her als nicht möglich, so richtet sich die Zielsetzung auf einen niedrigeren Ansatz der Grenzkosten; d. h. Konstruktion oder Rezeptur ändern, leichter bauen, Teile gegen billigere austauschen, billiger einkaufen, rationeller produzieren. Dadurch könnte das Qualitäts-Image in Gefahr geraten. Deshalb ist es ungeheuer wichtig, daß *bei Verkaufspreisgesprächen das Leitbild der Unternehmung* verbindlich und für alle Partner bekannt formuliert ist.

Das Getränkestand-Leitbild lautet beim Kaffee auf Qualität. Also kommt eine Preissenkung wahrscheinlich nicht in Frage. Dagegen wäre vielleicht eine Erhöhung des Verkaufspreises von bisher 0,50 je Becher angezeigt. Zur Erörterung dieser Frage *einerseits vom Gewinn-Standpunkt – Controller – und andererseits vom Marktstandpunkt – Verkaufsmanager* – eignet sich folgendes Instrumentarium als Management-Technik:

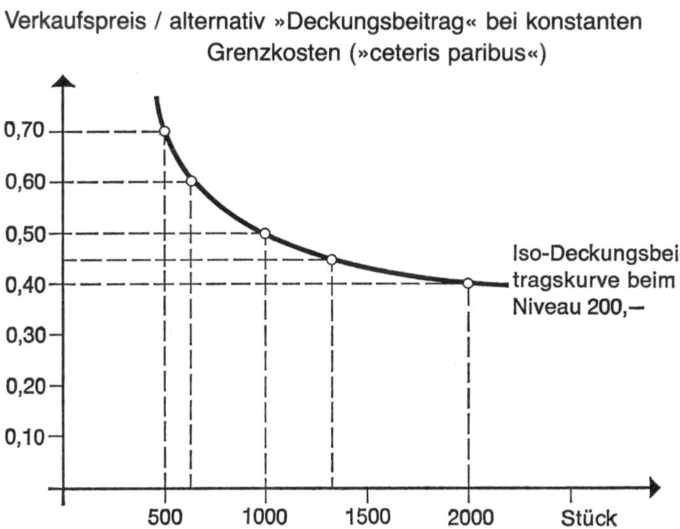

Abb. 11: Konstruktion einer Iso-Deckungsbeitragskurve

Daten der errechneten Kurven-Punkte

	jetzt:	Alternativplanungen			
Verkaufspreis/Stück	0,50	0,60	0,70	0,45	0,40
Deckungsbeitrag/Stück	0,20	0,30	0,40	0,15	0,10
Deckungsbeitrag/Tag	200,—	200,—	200,—	200,—	200,—
Stückzahl/Tag	1 000	667	500	1 330	2 000

Im Diagramm mit der waagrechten Achse Stückzahl und der senkrechten Achse Verkaufspreis ist eine »Iso-Deckungsbeitragskurve« aufgehängt. Iso heißt soviel wie »gleich«. Jede Kombination aus Verkaufspreis und Stückzahl, die auf dieser Kurve liegt, gewährleistet das gleiche Deckungsbeitragsvolumen. Die Iso-Deckungsbeitragskurve bietet folglich eine dynamische, gesprächsoffene, zu Alternativen herausfordernde Zielsetzung in Richtung Gewinn. Sie stellt ein »objective« auf, ohne den Partner aus dem Verkauf schon festzulegen. Er kann jetzt diejenige Kombination aus Verkaufspreis und Stückzahl für seine Umsatzplanung entscheiden, die der Situation auf dem Markt am besten entspricht. Sie muß nur möglichst rechts von der Iso-Zielsetzung liegen oder zumindest auf ihr. Jede Kombination rechts der gezeigten Iso-Deckungsbeitragskurve liefert ein höheres Niveau an Deckungsbeiträgen. Aber auch der Verkaufs-Chef muß sich festlegen. Der Einsatz einer solchen Kurve zwingt ihn überdies dazu, nicht einfach eine Umsatzprognose aufzustellen, sondern gezielt und strategisch Verkaufspreis und Stückzahl zu planen. Das fällt häufig schwer, weil man »commitments« machen muß für das, was man als Zielsetzung und Strategie auf dem Markt will. (Die Planung geht in der Praxis oft so vor, daß abgeschätzt wird, was auf einen »zukommt«.) Bezeichnet man den Controller als Planverkäufer, als einen Mann, der für die Planung Überzeugungsarbeit leistet und die Linienchefs dazu bringt zu planen, so hat er mit Iso-Deckungsbeitragskurven ein hervorragendes

Werkzeug, eine Planung herbeizuführen, in der Marktzielsetzung und Gewinnzielsetzung unter einen Hut kommen.

Die im Diagramm gezeigte Iso-Deckungsbeitragskurve repräsentiert ein Niveau von 200,– Deckungsbeiträgen je Tag. Sie entsteht sozusagen im Selbstgespräch des Rechnungswesens. Wir überlegen uns: Welcher Absatz würde bei einem Verkaufspreis von 0,60 je Becher Kaffee genügen, um 200,– Deckungsbeiträge einzuspielen. Welcher höhere Absatz müßte verlangt werden, wenn beim Verkaufspreis 0,45 gleichfalls 200,– Deckungsbeiträge übrig bleiben sollen. Um die Stückzahl-Zielsetzungen zu errechnen, braucht nur das Deckungsbeitragziel von 200,– durch den jeweils veränderten Deckungsbeitrag je Einheit dividiert werden. *Wenn-. . ., dann . . .-Prinzip.*

In dasselbe Diagramm wäre jetzt die schon gezeigte Nachfragekurve zu übertragen. Der Verkauf muß sich überlegen, um wieviel Einheiten der Absatz vom Markt her bei einem höheren Verkaufspreis zurückgehen *wird* bzw. um wieviel Einheiten er bei einem niedrigen Preis gesteigert werden *kann.* »Wird« und »kann« gegenüber dem »Soll«, das die Iso-Kurve aufstellt.

Dabei ergibt sich, daß beim Preis 0,60 der Absatz nach Iso-Kurve auf 667 Becher zurückgehen darf, ohne daß ein Rückgang in Deckungsbeiträgen und Gewinn eintritt. Demgegenüber schätzt und plant der Verkauf einen Absatz in Höhe von rund 900 Einheiten. Der Stückzahlrückgang vom Markt her ist demnach geringer, als es nach Iso-Kurve vertretbar wäre. Die Nachfragefunktion beim Preis 0,60 liegt auf einer neuen Iso-Kurve, die nach rechts verschoben ist und ein höheres Deckungsbeitragsniveau (270,–) darstellt.

Umgekehrt wäre bei einer Preissenkung auf 0,40 eine Absatzsteigerung auf 2000 Becher verlangt, während der Verkauf bei diesem Preis nur eine Stückzahl von rund 1200 Einheiten für möglich hält. Die Preissenkung scheidet demnach aus, denn das Niveau der Deckungsbeiträge würde fallen. Beschlossen wird eine Preiserhöhung auf 0,60.

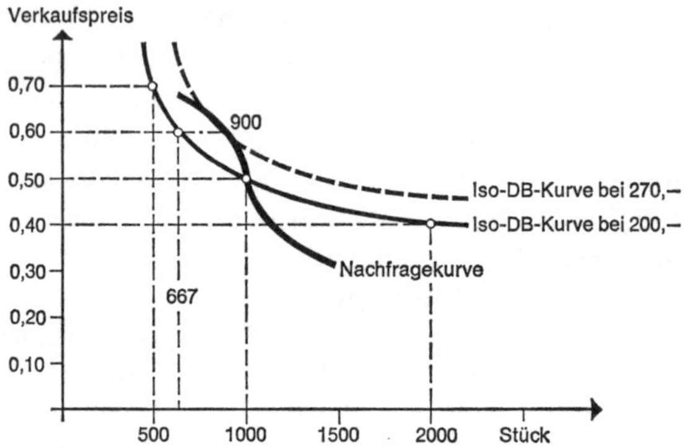

Abb. 12: Iso-Deckungsbeitragskurve und Nachfragekurve im Verkaufsgespräch

Die Deckungsbeitragsrechnung als »Einstieg« in die Gewinnplanung

Schon dieses einfache Modellbeispiel vom Getränkestand hat deutlich gemacht, daß nicht »die Deckungsbeiträge« schon sagen, was bei der Verkaufsplanung und Verkaufssteuerung zu tun ist. Die Informationen der Deckungsbeiträge wirken für die Planung von Konzeptionen und Strategien sowie für das Vornehmen von »Korrekturzündungen« gegenüber der Planung gewissermaßen als ein Einstieg – oft genug sogar als ein Alarmsignal.

Ausgehend von den Deckungsbeiträgen müssen eine ganze Reihe von Überlegungen gestartet oder der Verlauf täglicher Ereignisse in Frage gestellt werden. Ein typisches Beispiel für einen Einstieg war die Verkaufspreisänderung beim Artikel Kaffee. Zunächst war dieses Produkt das ungünstigere bei der Sortimentspolitik. Jetzt – nachdem der Verkaufspreis erhöht worden ist – hat es je Einheit im Vergleich zum Bier den besseren Deckungsbeitrag. Andererseits wurde für den Artikel Bier eine marktanteilsteigernde Werbestrategie veranlaßt. Im Grunde genommen geht es bei Verkaufsplanung und Verkaufssteuerung darum, jedem bedeutungsvolleren Erzeugnis, Vertriebsweg und Marktgebiet die ihm zukommende, individuelle Therapie zu »verpassen«. Beim Aufbau eines solchen durchkonstruierten Gebäudes der marktstrategischen Planung bilden die Deckungsbeiträge einen Teil der notwendigen Daten zusammen mit anderen; sehr häufig aber den Beginn für ein intensiveres, langfristig wirksames Nachdenken darüber, wohin die Reise eigentlich gehen soll.

Auch deshalb habe ich den Controller einen Ziel- und Planverkäufer genannt. Er wirkt mit seinem Werkzeug Deckungsbeitragsrechnung oft als Auslöser bzw. – wenn der Vergleich mit der Werkzeugmacherei erlaubt ist – als »Einrichter« für die »Maschinenführer« im Verkauf – als *Schrittmacher*.

Die Konstruktion der neuen Artikel-Erfolgsrechnung des Getränkestandes mit Deckungsbeitrag I und II

Gestützt auf die neu beschlossenen Maßnahmen stellt der Getränkestand-Chef für den 2. Messetag folgende Plan-Ergebnisrechnung auf:

	Bier	Kaffee	Total
Stückzahl	1 500	900	2 400
Erlöse (Netto)	1 050,—	540,—	1 590,—
Prop. Kosten	645,—	270,—	915,—
Deckungsbeiträge I	405,—	270,—	675,—
Artikeldirekte Fixkosten	50,—	—	50,—
Deckungsbeiträge II	355,—	270,—	625,—
Allgemeine Fixkosten			100,—
Gewinn			525,—

Der Plangewinn für den 2. Tag beläuft sich auf 525,– und liegt höher als das Ergebnis des 1. Tages mit 370,–.

Gegenüber dem bisherigen Schema ist eine Änderung insofern erfolgt, als es zwei Kategorien von fixen Kosten gibt: direkte für den Artikel und allgemeine. Die Werbekosten, die direkt für das Bier eingesetzt sind, können ohne Umlage-Schlüssel unmittelbar auf dieses Produkt kontiert werden (vgl. Kostenbegriffe im Würfel). Die Miete hingegen ist gemeinsam für beide Erzeugnisse eingesetzt und müßte mit einem Prozentschlüssel verteilt werden, was – wie ausführlich dargestellt – im Sinne der Management-Information irreführend wirkt. Die allgemeinen Fixkosten bleiben deshalb als Block (oder gemeinsames Deckungsziel) in der Summenspalte stehen.

Was aber besagt jetzt Deckungsbeitrag I im Vergleich zum Deckungsbeitrag II?

Der *Deckungsbeitrag I* dient der Artikelbeurteilung. Die Frage, welches Erzeugnis der bessere Verdiener sei und deshalb, soweit der Markt das zuläßt, forciert werden soll, ist mit Hilfe des Deckungsbeitrages I zu beantworten. Dabei genügt nicht die Kenntnis von zum Beispiel DM 405,– für Bier und DM 270,– für Kaffee. Es geht doch darum zu wissen, bei welchem Erzeugnis sich zusätzliche Stückzahlen besonders gut rentieren. Deshalb muß der Deckungsbeitrag I in den sogenannten *Strategiezahlen* geprüft werden: nämlich als Deckungsbeitrag I je Stück, je Stunde bzw. bezogen auf die Basis sonstiger Engpaßkapazitäten.

Der *Deckungsbeitrag II* dient der Maßnahmenbeurteilung. Die Zahl 355,– beim Erzeugnis Bier besagt nichts über das Bier im Vergleich zum Kaffee (etwa indem man 335,– durch 1500 dividieren und einen DB II je Einheit errechnen würde), sondern etwas darüber, *wie gut das ist, was an Werbung für das Bier gemacht wird.* Einfaches Merkbeispiel für den Fall ungünstiger Veränderungen im Deckungsbeitrag II gegenüber der Planung: »Ist die Werbemaßnahme mit dem bärtigen Sandwich-Man weniger günstig für Bier als eine Aktion mit einem

Sandwich-Girl?« Der Deckungsbeitrag II bildet den Einstieg in solche Fragen der Maßnahmenbeurteilung und folglich – um einen Schritt weiter zu denken – den *Einstieg in die Beurteilung desjenigen Managers, der die betreffende Marketing-Aktionen entschieden und veranlaßt hat. Also:* Activity Based Cost (ABC).

Die Deckungsbeitragsrechnung als Management-Informations-System für Entscheidungs- und Verantwortungs-Rechnung

Daraus ergibt sich für ein *Gewinn-Management-Informations-System* eine doppelte Aufgabenstellung:

1. *Entscheidungsrechnung* (»decision accounting«)
   WIE ist vorzugehen, damit mehr Gewinn erzielt werden kann?
   Notwendige Information Deckungsbeitrag I als Überschuß des Netto-Erlöses über die Grenzkosten.

Beispiele der Entscheidungsrechnung waren im Getränkestand-Modell die Beurteilung der Priorität im Sortiment (nach Deckungsbeitrag I je Stück oder je Bedienungszeiteinheit); der Beschluß über die Werbemaßnahme (das verlangte Mindestziel der Absatzsteigerung von 186 Flaschen Bier wurde mit Hilfe des DB I errechnet); die Entscheidung über den neuen Verkaufspreis für den Kaffee (die Iso-Deckungsbeitragskurve wurde mit Hilfe des DB I konstruiert).

Der Deckungsbeitrag I ist deshalb erforderlich, weil sich die Entscheidungen immer auf Alternativen bei den Stückzahlen beziehen müssen, und weil es folglich auf die Kosten ankommt, die sich mit größeren oder kleineren Stückzahlen kausal ändern; also auf die Grenzkosten.

2. *Verantwortungsrechnung* (»responsibility accounting«)
   W E R hat wieviel zum Gewinn beigetragen?
   Informations-Maßstab bildet der Deckungsbeitrag II als

Deckungsbeitrag I minus direkte (zu verstehen als direkt beeinflußbare) fixe Kosten.

Die Deckungsbeitragsrechnung ist damit nicht allein eine Grundlage für unternehmerische Entscheidungen, obwohl in Literatur und Diskussion dieser Gesichtspunkt meist im Vordergrund steht. Die Deckungsbeitragsrechnung bildet auch ein Führungsinstrument, denn in Form der Deckungsbeiträge II können für viele Bereiche einer Unternehmung *Leistungsziele oder »standards of performance«* aufgestellt werden. Die Deckungsbeiträge kommen deshalb in die Nachbarschaft von Funktions- oder Stellenbeschreibungen als *Rahmen für die Delegation von Aufgaben und Kompetenzen.* Ein umfassendes Management-System oder Führungsmodell kann auf das Werkzeug der Deckungsbeitragsrechnung nicht verzichten. Ohne dieses Informations-System läßt sich ein »management by objectives« nicht realisieren. Die meisten Objectives sind Ziele in Zahlen; zum Beispiel die Deckungsbeiträge II.

Listen-Modell einer Management-Erfolgsrechnung mit Deckungsbeitrag I und Deckungsbeitrag II

Die folgende Liste illustriert das Schema einer Management-Erfolgsrechnung – ausgehend von der Artikelerfolgsrechnung. In der Realität muß man sich eine solche Liste als Computer-Liste vorstellen, die im Beispiel zu Produktgruppen gerafft ist. Die ausführliche Liste führt für jede Artikelnummer eine solche Zeile. Organisatorisch entsteht die Liste von der Fakturierung her. Mit Hilfe der EDV wird fakturiert die gelieferte Stückzahl. Eingegeben wird der vereinbarte Verkaufspreis. Die proportionalen Kosten sind die fakturierte Menge multipliziert mit dem Standard-Grenzkostensatz je Artikeleinheit. Die Standard-Grenzkosten der Erzeugnisse stammen aus der Plan- oder Standardkalkulation, die während einer Budgetperiode (meist ein Jahr) nicht geändert wird. Aus der Standard-Kalkulation

	UMSATZ					PROP. KOSTEN DES UMSATZES TDM	DECKUNGSBEITRAG I			PLATZZIFFERN		DIREKTE FIXKOSTEN (BUDGET) TDM	ABWEICHUNGEN DIREKTE FIXKOSTEN VOM BUDGET TDM	DECKUNGSBEITRAG II TDM
	Einheiten	TDM	Erlös je Einheit	in % zum Vorjahr	Platzziffer Umsatzänderung		TDM	DM Einheit	Deckungsgrad in %	nach Engpaßpriorität	nach DB I je Einheit			
PRODUKT – BEREICH A	2.600	3.000				2.100	900		30			500	+ 100	500
Produktgruppe 1	800	1.000	1.250	114	3	550	450	560	45	1	2			
Produktgruppe 2	600	1.200	2.000	120	2	990	210	350	17,5	5	4			
Produktgruppe 3	1.200	800	666	130	1	560	240	200	30	7	7			
PRODUKT – BEREICH B	4.800	6.000				3.500	2.500		42			1.200	./. 150	1.150
Produktgruppe 4	3.000	3.500	1.160	95	./.	2.200	1.300	434	37,2	3	3			
Produktgruppe 5	1.800	2.500	1.380	90	./.	1.300	1.200	666	48	2	1			
PRODUKT – BEREICH C	2.700	2.400				1.660	740		31			300	+ 50	490
Produktgruppe 6	2.000	1.800	900	110	4	1.260	540	270	30	6	6			
Produktgruppe 7	700	600	857	60	./.	400	200	285	33,3	4	5			
Summe Produktbereiche	10.100	11.400				7.260	4.140		36			2.000		2.140
Allgemeine Fixkosten (Budgets)														1.100
Abweichungen gegenüber Budgets														./. 100
Management-Erfolg														940

Abb. 13: Listenmodell einer Management-Erfolgsrechnung; Management-Erfolg vor Kapitalertragsziel und Abweichungen bei Standard-Grenzkosten

heraus werden die Standard-Grenzkostensätze der Erzeugnisse in den Artikelstammsatz der Fakturierung eingespeichert. Mit jeder Rechnungszeile kann die EDV-Anlage dann über die Artikelnummer den betreffenden Standard-Grenzkostensatz abrufen und, multipliziert mit der berechneten Stückzahl, die proportionalen Kosten des Umsatzes eines Monats maschinell ermitteln. Daraus ergeben sich die Deckungsbeiträge I – sortiert als DM/Monat; DM/Einheit; DM in Prozent vom Erlös; DM/Stunde einer Engpaßkapazität (im Beispiel nicht ausdrücklich errechnet; es handelt sich um Aggregatstunden).

Für die Entscheidungsrechnung – Beurteilung der Artikelpriorität im Sortiment – sind zwei Platzziffern-Spalten angegeben. Die eine richtet sich nach dem Deckungsbeitrag I je Einheit; die zweite nach dem Deckungsbeitrag I je Engpaßeinheit einer Produktionskapazität. Im Listenbeispiel steht für diese Engpaßpriorität nur die Platzziffer da. Maschinell ermittelt wird eine solche Platzziffer durch den Deckungsbeitrag I je Einheit, dividiert durch die (ebenfalls im Stammsatz eingespeicherte) Standard-Belegungszeit je Einheit auf dem betreffenden Engpaß. Je nach Situation – ob Vollauslastung in der Produktion oder nicht – wäre die Liste in der Reihenfolge der einen oder anderen Engpaßpriorität zu sortieren.

Im Sinne des »Decision Accounting« wäre an Hand des Deckungsbeitrags I zum Beispiel die Planung für die Artikelgruppe 3 zu überprüfen. Sie hat im Umsatzwachstum die erste Platzziffer, steht aber im Kriterium Deckungsbeitrag nach beiden Platzziffern-Spalten am Ende der hier angegebenen Artikelgruppen. Warum? Wird sie im Verkauf von selbst forciert, ist der Verkaufspreis zu niedrig angesetzt, sind die Grenzkosten etwa für Verpackung zu hoch?

Die Produktgruppen sind in der Liste Abb. 13 zu Produktbereichen gebündelt. Für jeden Produktbereich ist ein Bereichsleiter oder Sparten-Chef zuständig. Im Anschluß an den Deckungsbeitrag I sind deshalb die spartendirekten Fixkosten zunächst als Budgetzahlen und als Abweichung der monatlich angefallenen Kosten vom Budget dargestellt. Daraus ergibt sich der Dekkungsbeitrag II als Einstieg in das »Responsibility accounting«; d. h. die Beurteilung dessen, was die einzelnen Spartenchefs zum Unternehmenserfolg beigetragen haben. Der dafür in Frage kommende *Maßstab darf nur aus Komponenten bestehen, die der Spartenchef direkt beeinflussen kann:* Im Beispiel durch große Stückzahlen, günstige Verkaufspreise, vorteilhafte Sortiments-Steuerung und sparsames Umgehen mit seinen eigenen Vertriebskosten.

Die Summe der Deckungsbeiträge II beläuft sich auf 2 140 000,–. Sie überdeckt die zentralen fixen Kosten, die im Budget 1,1 Millionen betragen und sich um eine Abweichung von 100 000,– erhöhten, um 940 000,–. Diese Größe wurde »Management-Erfolg« genannt. Sie ist über eine Abstimmbrücke mit dem Bilanzerfolg in Einklang zu bringen (Controller-Bereich und Treasurer-Bereich kommen über die Abstimmbrücke zueinander).

Deckungsbeitrag II zur Manager-Beurteilung

Große Frage: Ist im Beispiel Spartenchef B mehr als doppelt »so gut« wie Spartenchef A? Muß er deshalb gut die doppelte Tantieme erhalten wie die Herren A und C?

Um die Manager der Sparten A, B und C wirklich sachgerecht beurteilen zu können, fehlt das, was man als »Hundert-Prozent-Leistung« bezeichnen müßte. Es kann doch sein, daß die Sparte A ein Programm darstellt, das von der Sache her auf dem Markt nicht das Echo findet wie Sparte B, das aber vom Image des Hauses her weiter gepflegt und betreut werden soll. Vielleicht handelt es sich bei A um das Programm, das die Firma noch von der Gründerzeit her als das erste in Gang gesetzt hat und mit dem sie berühmt geworden ist. Andererseits könnte die Artikelsparte C ein Produkt sein, das noch neu ist oder eine Spezialität darstellt; nur daß man eben dieses begrenzte Marktsegment auch gut betreuen will. Spartenchef A oder C leistet vielleicht geradesoviel wie B; nur daß von der Struktur ihrer

Bereiche her nicht dasselbe Volumen an Deckungsbeitrag II erreicht werden kann wie bei B – auch beim besten Willen und Können nicht.

Woher kommen die Maßstäbe für das, was bei den jeweiligen Sparten – ausgedrückt im Deckungsbeitrag II – die »Hundert-Prozent-Marke« bildet? *Aus der Planung!* Die budgetierten Deckungsbeiträge II müssen die Planziele der einzelnen Spartenchefs gleichnamig machen. Dabei zeigt sich schon, wie wichtig die psychologische Seite der Planung ist. Es muß so geplant werden, daß ein vernünftiger Kompromiß zwischen Leistungsherausforderung einerseits und Erreichbarkeit der Leistung andererseits zustandekommt. Dabei darf keiner absichtlich mauern und Reserven bilden. Nicht daß derjenige besser wegkommt, der am besten jammern kann. Es ist wie beim Skatspielen. Wer ein Planziel wie einen Deckungsbeitrag II übernehmen soll, muß gereizt werden, damit er das spielt, was er an Karten »auf der Hand hat«; aber er darf sich nicht überreizen. *Der Controller als Planverkäufer!* (Vgl. die Planungsgrundsätze im Band II, 8. Kapitel).

Abb. 13a: C = Controller, M = Manager; die Zeichnung bildet die Schnittmenge aus der Mengenlehre (größter gemeinsamer Teiler); sie ist das Controlling aus PC-Chef und Controller – gemeinsam problemlösend am PC im Team.

4. Kapitel

Organisation nach »Profit Centers«

Der Controller soll dafür sorgen, daß ein Planungs- und Steuerungs-Apparat besteht, der darauf hinwirkt, daß die Unternehmung Gewinn erzielt.

Aus dieser Funktionsbeschreibung des Controllers folgt, daß er bei der Struktur-Organisation der Unternehmung sich vor allem dafür einsetzen sollte, daß »profit centers« bestehen. Unter einem »PC« (profit center) ist ein Bereich zu verstehen, der als Erfolgs-Maßstab die Größe Gewinn besitzt. Der Gewinn als »standard of performance« eines PC-Chefs wird allerdings nicht als Teil des Bilanzgewinns der Gesamtunternehmung zu definieren sein, sondern als ein Deckungsbeitrag II oder auch III. Aber mit einem solchen Maßstab eröffnet sich die Möglichkeit der *Delegation unternehmerischer Kompetenzen* an Bereichs-Manager – beginnt der Weg vom »Oberbeamten zum Sub-Unternehmer« in eigenverantwortlicher Selbststeuerung.

»Profit Center« und »Division«

Diese beiden Begriffe werden sehr häufig in einen Topf geworfen. Sie sind aber nicht identisch. Unter einer »Division« oder Sparte versteht man einen Bereich der Unternehmung, der einen Teil des Erzeugnisprogramms umfaßt. Zum Beispiel in einem chemischen Konzern die Sparte Pharmazeutika neben der Sparte Farben, der Sparte Kunstfasern, der Sparte Pflanzenschutzmittel. Oder in einem Maschinenbauunternehmen die Sparte Kunststoffmaschinen neben der Sparte Verfahrenstechnik, der Sparte Umweltschutzmaschinen (wie z. B. Müllverbrennungsanlagen, Abgasreiniger), der Sparte Waggonbau. Oder die Sparten Band und Schrägband in einer Bandweberei; die Sparten Autobatterien und Trockenbatterien; die Sparten Motorenbau, elektrische Ausrüstung, Bahnbau, Haushaltgeräte in einem Konzern der Elektro-Industrie; oder die Sparten Sachbücher, Fachbücher, Unterhaltung in einem Verlag; die Rayon-Chefs in Handelsbetrieben und Kaufhäusern.

Die Möglichkeiten der Spartenorganisation oder die Realisierung des Divisions-Prinzips gibt es im übrigen nicht nur im Falle seriell hergestellter Erzeugnisse. Auch bei Einzelfertigung kann man Sparten bilden; meist dann als einzelne Projekte. In einem Ingenieur-Unternehmen könnte jeder Projekt-Manager als Spartenchef fungieren, soweit er nicht nur für den technischen Erfolg des von ihm betreuten Projekts zuständig ist, sondern auch dafür, daß das Projekt mit seinem Deckungsbeitrag II angemessen über die Runden kommt. Dieser Deckungsbeitrag II wäre der Projekterlös als Überschuß über die projektproportionalen Kosten (meist als Einzelkosten des Projekts zu erfassen wie Materiallieferungen oder die Vergabe von Lohnaufträgen) und die projektdirekten Fixkosten (Gehalt des Projekt-Managers und seiner Mitarbeiter, die Reisekosten, direkte Reservierung von Computerzeiten, usw.). Eine solche Spartenorganisation ist auch in der Bauindustrie durchführbar – die Baustelle oder die Arbeitsgemeinschaft wird zum Projekt oder Profit Center.

Eine Sparte oder »Division« ist stets auch ein Profit Center. Der Spartenchef betreut einen abgrenzbaren Sub-Unternehmens-Bereich, für den sich ein eigener Erfolgs-Maßstab als Deckungsbeitrag II aufbauen läßt. *Umgekehrt aber muß ein Profit Center nicht gleichzeitig eine Sparte oder Division sein.* Eine Profit-Center-Konstruktion läßt sich vor allem auch für regionale Verkaufs-Chefs einrichten. Der Leiter eines Verkaufsbüros etwa, der ein bestimmtes Gebiet betreut, oder ein Filialleiter in einem Lebensmittelfilialgeschäft bzw. einem Kreditinstitut oder einer Versicherung, kann zum PC-Chef entwickelt werden (»job enrichment«), wenn er seine Verantwortung nicht mehr allein im Umsatz, sondern in einem Gewinnbeitrag – zu verstehen als Deckungsbeitrag II; die direkten fixen Kosten wären hier die verkaufsbüro- bzw. filialdirekten Fixkosten – sieht. Jeder einzelne Verkäufer kann PC-Funktion ausüben, falls er so verantwortungsvoll zu denken und mit der Unternehmung sich zu identifizieren vermag. Ferner gibt es die Möglichkeit der sogenannten »Als-ob-Profit-Centers« im Falle von Dienstleistungsbereichen – etwa im Falle der EDV-Abteilung, die so behandelt wird, als sei sie ein selbständiges Rechenzentrum.

Das Prinzip der Sparten-Organisation

Dabei tritt an die Stelle der herkömmlichen funktionalen Betrachtungsweise Verkauf/Produktion/Forschung/Einkauf die Organisation nach Produktgruppen oder Projekten. Die Unternehmung besteht nicht aus einem einzigen »Angriffskeil«, sondern aus einer ganzen Kette separater, in sich abgerundeter und in der Gewinnverantwortung abgegrenzter Teilkeile, die auf einem »Fundament« verknüpfender und koordinierender Funktionen und Systeme aufbauen – so ähnlich wie »Front« und »Etappe«. Jedes Gewinn-Zentrum steuert den Erfolg einer Produkt- oder Leistungsgruppe. Es handelt sich um ein *»product management«*; aber nicht als eine neben der funktionalen Organisation herlaufende (oft hinkende) Stabsfunktion. Die Produkt-Manager haben umfassende Entscheidungskompetenz über Verkauf, Produktion, Entwicklung und Einkauf innerhalb ihrer Produktfamilie oder Leistungsgruppe.

Man spricht in diesem Zusammenhang von der Organisation

– *nach Geschäftssparten*
– *nach Produktbereichen*
– *nach »divisions«*
– *nach Projektgruppen,*

womit immer wieder dasselbe gemeint ist: der Produktbereichsleiter ist verantwortlich als echter Sub-Unternehmer für den Markt- sowie Gewinnerfolg seiner Produktgruppe. Das ist er nicht nur im laufenden Jahr, sondern auch für die Zukunft. Deshalb sollte in den Bereich des »Division-Managers« auch die Entwicklung gehören. Er muß wissen, daß er in der Gegenwart Gewinne bzw. Deckungsbeiträge hergeben muß für Forschung, damit er auch in Zukunft ausreichende Deckungsbeiträge sicherstellt. Er/sie denkt in *Geschäftsprozessen!*

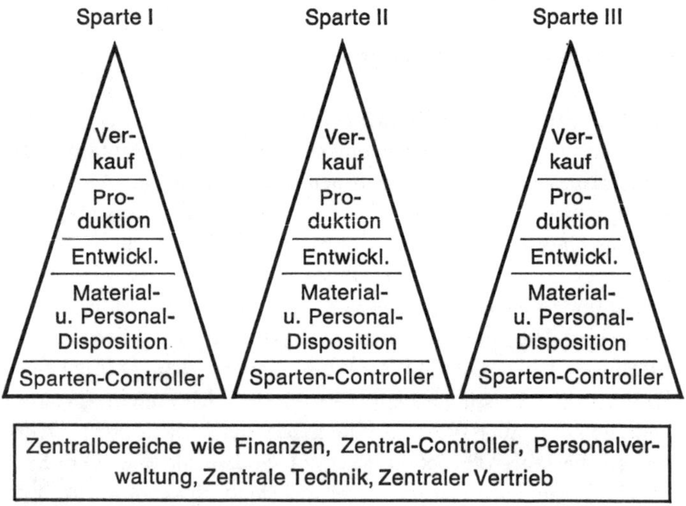

Abb. 14: Schema der Sparten-Organisation

Der Spartenleiter »gebietet« also über Verkauf, Produktion, Entwicklung sowie über die laufende Disposition von Mitarbeitern und Material. Die dezentrale Disposition in den Produktsparten ist in Verbindung zu sehen mit zentralen Funktionen wie: »Materialbeschaffung« (Konzern-Rahmenabschlüsse, um

Mengenrabatte besser auszunutzen; Entwicklung der Lieferantenpolitik, Vertragsmuster) sowie Personalverwaltung (Vertraggestaltung, Lohnabrechnung, Mitarbeiterförderung, Schulung). Die eigentliche Material- und Personal*disposition* sollte aber möglichst an den Produktbereichsleiter delegiert werden; denn

- es handelt sich um beachtliche Kostenbeträge, über die er unternehmerisch disponieren soll;
- es erfordert die koordinierte und langfristig ausgewogene Planung innerhalb der Sparte, daß rechtzeitig das benötigte Material bei den Maschinen ist sowie die erforderlichen Mitarbeiter nach Anzahl und Qualifikation einsatzbereit sind.

Die zentralen Funktionen sorgen für Koordinierung der Personalpolitik, für eine wirtschaftliche Abrechnung sowie für Rahmenverhandlungen. Ähnliches gilt für das Zusammenspiel zwischen dem Forschungsgruppenleiter innerhalb der »Division« und dem Zentral-Forschungsleiter. Der zentrale Forschungsbereich sorgt für den gemeinsamen Service, für eine konzertierte Forschungs- und Entwicklungspolitik, für eine zentrale Beobachtung der Entwicklung auf dem Sektor der Firma im Ausland. Praktisch kommt es hier zu einer sogenannten »dottet line responsibility« (gestrichelte Linien im Organisationsplan). Disziplinär untersteht der Sparten-Forschungsleiter dem Spartenleiter. Fachlich muß er sich nach den Richtlinien des zentralen Forschungsbereichs richten.

Die Zielsetzung des Spartenleiters als »Gewinn-Manager«

Die Zielsetzung des Produktbereichsleiters ist der Gewinn seiner Sparte, genauer gesagt der Sparten-Deckungsbeitrag. Die Sparte erzielt direkt aus dem Markt ihre Erlöse. Sie hat selbst zu entscheiden über Verkaufspreise und Erlösschmälerungen. Die Sparte hat ihre eigenen direkten Kosten unter Kontrolle: sowohl die proportionalen Kosten oder Grenzkosten der Herstellung (wozu ganz wesentlich die eingekauften Materialien und Teile gehören) als auch die direkten fixen Kosten der Sparte durch Investitionen (letztlich zu verantworten durch den Spartenleiter) und durch langfristige Personaldisposition. *Der Leistungsmaßstab des Spartenleiters ist deshalb der Gewinn seiner Sparte. Dieser Gewinn setzt sich ausschließlich aus Größen zusammen, die er unmittelbar beeinflussen kann,* wenn auch manche davon nur längerfristig.

Um dieser Aufgabe gerecht zu werden, braucht der Spartenleiter Zahlen. Es ist absurd – aber in der Praxis nicht selten – wenn die Aufgabe eines Spartenleiters oder Filialleiters in der »Verbesserung der Wirtschaftlichkeit« gesehen wird, ihm die wesentlichen Zahlenunterlagen aber dann vorenthalten werden, weil sie die Zentralbuchhaltung als streng geheim handhabt und der Inhaber und Gründer der Firma nach wie vor persönlich »darin blättern« will bzw. weil ein geeignetes Zahlen-Informationssystem gar nicht vorhanden ist.

Schema der Profit-Center-Erfolgsrechnung

Management-Accounting – die Aufgaben des internen Rechnungswesens des Controllers, zur Steuerung der Unternehmung – bestehen in

a) d e c i s i o n accounting (es ist Anleitung zu geben für Management-Entscheidungen);

b) r e s p o n s i b i l i t y accounting (es ist anzugeben, welcher Teilbereich des Unternehmens in welcher Höhe zum Gesamtgewinn der Firma beigetragen hat).

Das folgende Schema gibt dem Spartenleiter als Gewinn-Manager Aufschluß in beiden Fragestellungen:

Produkt-Sparte Text	Summe	Produkt 1	Produkt 2	Produkt 3
Netto-Erlöse	X	X	X	X
./. Standard-Produktkosten	X	X	X	X
Deckungsbeiträge I	X	X	X	X
Strategiezahlen zur Klärung der Priorität bei der Verkaufssteuerung:				
DB/Einheit Erzeugnis	x	x	x	x
DB/Einheit Engpaß	x	x	x	x
DBU (in % v. Umsatz)	x	x	x	x
./. Artikeldirekte Strukturkosten für Werbung und Verkaufsförderung	X	X	X	X
Deckungsbeiträge II (»Promotion«-Erfolg)	X	X	X	X
./. Spartendirekte Strukturkosten	X			
Deckungsbeitrag III (Spartenerfolg)	X			

Abb. 15: Sparten-Erfolgsrechnung

Will der Spartenleiter wissen, welches Erzeugnis »der bessere Verdiener« innerhalb seines Sortiments ist, so muß er sich nach der Zeile »Deckungsbeiträge I« richten. Dort sind die Informationen für sein »decision accounting« zu finden. Je nach der vorherrschenden Situation ist eine der drei Strategie-Kennzahlen zur Festlegung der Artikelpriorität zu wählen.

Die »kleinen x« bei den Strategiezahlen sollen bedeuten, daß es sich um Informationen je Einheit handelt, während die »großen X« Informationen je Zeitraum darstellen. Für die Artikelpriorität ist je nach Engpaßlage eine der Strategiezahlen maßgebend: der Deckungsbeitrag je Einheit, wenn der Engpaß im Bedarf des Marktes (Bedarf in Einheiten) an dem betreffenden Artikel zu sehen ist; der Deckungsbeitrag in Prozent vom Erlös, wenn wegen eines Einkaufsbudgets des Kunden in DM (Finanz- oder Umsatzplangründe) oder aus Gründen sonstiger DM-

Kontingentierung (Begrenzung des Liefervolumens auf Kredit bei einem säumigen Zahler, Etat öffentlicher Auftraggeber, Importkontingente aus Devisengründen) der zu erzielende Umsatz als limitierender Engpaß wirkt; der Deckungsbeitrag je Stunde, wenn eine Produktionskapazität der Engpaß ist, sei es aus Gründen fehlender Mitarbeiter (Personalengpaß) oder fehlender maschineller und baulicher Kapazitäten (Kapitalengpaß). Profit-Center-Denkweise ist stets marktgeprägt – *customer focus*. Damit denkt der ergebnisverantwortliche Produktgruppenleiter *in Geschäftsprozessen vom Kunden* her. Bei allem Konzentrieren auf die eigene Zielsetzung ist dabei einzufügen, daß Marktbearbeitung in abwicklenden Ressorts kostentreibende Wirkung haben kann. Vor allem wenn zu den Deckungsbeitragsprioritäten eine Differenzierungsstrategie etwa in Sortenvielfalt kommt.

Nach Abzug der artikeldirekten Fixkosten für Werbung und Verkaufsförderung ergibt sich der Deckungsbeitrag II als Einstieg zur Beurteilung der innerhalb der Sparte für ein Erzeugnis betriebenen Marktstrategie. Der Deckungsbeitrag II könnte persönlicher Erfolgsmaßstab von Produkt-Managern sein, die unter dem Sparten-Chef stehen und für Planung und Steuerung der Werbe- und Verkaufsförderungsbemühungen einzelner Artikel zuständig sind. In einer technischen Firma entsprächen den artikeldirekten Kosten für Werbung und Verkaufsförderung die Kosten des artikeldirekten Engineering (Offert- und Konstruktionsarbeit) der Anwendungstechnik.

Falls die Sparte auch ihre eigene Produktion und spartendirekte Forschung betreibt, sind im Modellschema in der Summenspalte für den Spartenchef auch die spartendirekten Produktions- und Forschungskosten ausgewiesen. Der danach entstehende Deckungsbeitrag III oder Spartenerfolg ist »standard of performance« für den Sparten-Chef. Dieser Spartenerfolg könnte noch auf das direkt in der Sparte arbeitende Kapital bezogen werden, so daß sich ein *Sparten-Kapitalertrag* und damit unmittelbar ein unternehmerisches Teilziel für den Sparten-Chef ergäbe. Für den Sparten-Kapitalertrag gilt sinngemäß das gleiche zur Planung eines Kapitalertrags-Verbesserungsprogramms, was später im 7. Kapitel ausgeführt ist (Sparten-Kapitalertrags-Stammbaum); nur daß diese Analyse sich ausschließlich auf Sachverhalte bezieht, die unmittelbar mit der Sparte etwas zu tun haben und vom Spartenleiter beeinflußt werden können – »Contribution on investment« (COI).

Langfristige Gewinnerzielung als Aufgabe der Spartenchefs

Daß zur Verantwortung eines Divisions-Chefs auch Forschung und Entwicklung für die Erzeugnisse seines Geschäftsbereiches gehören sollte, veranschaulicht das folgende Bild:

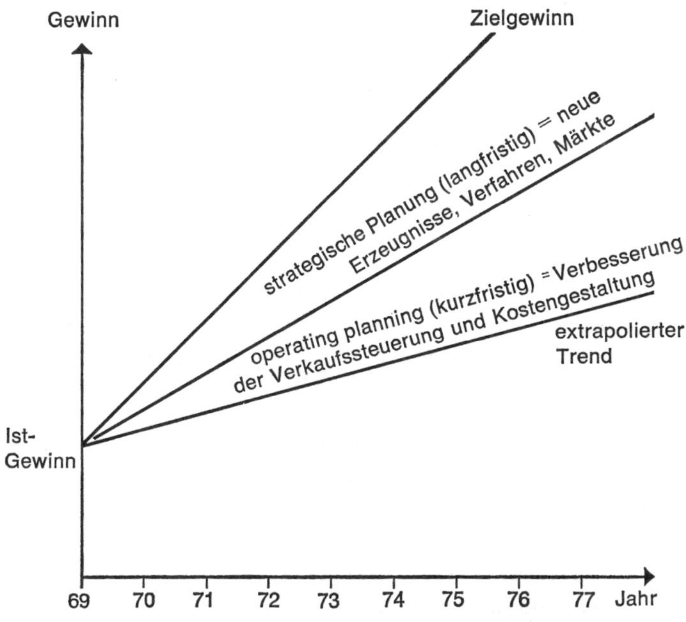

Abb. 16: Gewinnlückendiagramm mit »ambitiösem Ziel«

Es besteht eine Lücke (ein »gap«) zwischen dem aus dem seitherigen Ist einfach extrapolierten Gewinn und dem Zielgewinn zur Verwirklichung der langfristigen Unternehmensaufgaben. Diese Lücke kann kurzfristig – innerhalb eines Geschäftsjahres – geschlossen werden durch

- größere Stückzahlen im Verkauf,
- bessere Verkaufserlöse je Erzeugniseinheit,
- günstigere Gestaltung des Sortiments (Forcieren der gewinnstärkeren Artikel),
- Kostensenkung.

Der zweite Teil der Gewinnlücke ist nur langfristig zu überbrücken durch

- neue Erzeugnisse,
- neue Anwendungsbereiche bereits eingeführter Produkte,
- neue Produktionsverfahren,
- neue Vertriebswege,
- neue Märkte.

Die strategische Planung zur Überwindung der Gewinnlücke setzt für den Spartenleiter Anstrengungen auf der Entwicklungsseite voraus. Er muß von seiner Gewinnverantwortung her daran denken, daß es nicht so wichtig ist, kurzfristig ein Maximum an Gewinn zu erzielen, als langfristig ausreichende Gewinnziele zu erfüllen. Er muß also im laufenden Jahr Deckungsbeiträge abzweigen für Entwicklungsprojekte. Würde dem Spartenleiter nicht die Kompetenz für die Entwicklung in seiner Produktfamilie gegeben werden, so könnte man ihn in den kommenden Jahren nicht auf seine Gewinnverantwortung hin ansprechen. Er könnte dann immer sagen: »Hätte die Entwicklungsabteilung mehr für meine Erzeugnisse getan, würde ich jetzt immer noch gute Gewinne erwirtschaften.« Durch Entzug der Kompetenz für Forschung und Entwicklung würde allmählich die Verantwortung der Gewinnerzielung vom Spartenleiter weg wieder an einen Zentralbereich zurückdelegiert.

Voraussetzungen für die Einführung der »Profit-center«-Organisation nach Erzeugnis-Sparten

Drei Voraussetzungen sind notwendig – bzw. müssen durch die langfristige Organisationsplanung geschaffen werden –, damit eine klare Spartenorganisation mit einwandfreier Delegation der Gewinnzielsetzung eingeführt werden kann:

1. Das Artikelsortiment muß unmittelbar auf dem Markt abgesetzt werden und technisch abgrenzbar sein.
2. Beim Verkauf der zu einer Sparte gehörigen Produkte ist jeweils ein besonderer technischen Know-how erforderlich
   o d e r
   die Kunden dürfen nicht identisch sein; d. h. es müssen für die einzelnen Sparten getrennte Vertriebswege bestehen.
3. Die Produktion muß – zumindest in den wichtigsten Teilen – in getrennten Abteilungen erfolgen; möglichst sogar in eigenen Werken.

Während die beiden ersten Voraussetzungen für eine erfolgreiche Spartenorganisation unabdingbar sind, kann man innerhalb der Voraussetzung 3. am ehesten Kompromisse schließen mit der Folge von Verrechnungspreisen allerdings.

Praktische Grenzfälle bei der Organisation nach Sparten

a) Stufenproduktion

Durch die Technik der Produktion kommt es häufig vor, daß die Erzeugnisse einzelner Produktionsabteilungen den Charakter von Zwischen-Produkten für die eigene Weiterverarbeitung haben. Zum Beispiel liefert ein Stahlwerk seine Stahlblöcke auf die eigene Walzenstraße; oder eine Spinnerei liefert ihr Garn an die eigene Weberei, diese wieder ihre Stoffe an die eigene Konfektion, oder ein Bergwerk die Kohle an die eigene Kokerei bzw. das eigene Elektrizitätswerk.

Hier wären dadurch Profit Centers zu schaffen, daß man den Übergang von Garn in die Weberei bzw. Kohle in die Kokerei mit Marktpreisen für die betreffenden Rohstahl-, bzw. Garn- bzw. Kohlesorten bewertet. Auf diese Weise würde eine einzelne Produktions-Stufe so behandelt, als hätte sie eine Marktleistung erbracht und sei ein Unternehmen völlig für sich.

Allerdings sollte eine solche Maßnahme nur dann erwogen werden, wenn Marktpreise für die Zwischenerzeugnisse der einzelnen Stufen auch wirklich existieren. Außerdem empfiehlt sich nicht, wenn man, gefördert durch das Abrechnungs-Schema, stillschweigend zuließe, daß sich der Spinnereileiter einen eigenen Verkauf angliedert, weil er das Gefühl hat, noch besser verkaufen zu können, als der Webereileiter bei ihm abnimmt. Oder daß die Weberei sich einen eigenen Garneinkauf aufbaut, um das Garn noch günstiger beziehen zu können als von der eigenen Spinnerei. Um solchen Tendenzen entgegenzuwirken, wäre zu erwägen, daß die einzelnen Stufen je nach Marktlage und Beschäftigungssituation über die zwischen ihnen gültigen Verrechnungspreise verhandeln – am besten innerhalb bestimmter Bandbreiten so ähnlich wie einst beim System der internationalen Wechselkurse. Das Überschreiten der Bandbreite würde – Prinzip des management by exception – erfordern, daß sich der Controller einschaltet – »Interventionspunkt«.

b) Die Kunden sind identisch

In einem Unternehmen der Süßwarenindustrie könnte es zum Beispiel zweckmäßig sein, die Produktgruppen »Tafelschokolade« und »Pralinen« als getrennte Sparten zu führen und zwei Produktbereichsleiter damit zu betrauen. Von den Artikeln her wäre dieses Vorgehen sinnvoll. Auch die Produktion läßt sich in den entscheidenden Punkten separieren – es gibt einen Schokoladebetrieb und einen Pralinenbetrieb mit je einem Betriebsleiter – nur die Kunden sind identisch. Da beim Verkaufen von Tafelschokolade einerseits und von Pralinen andererseits kein besonderer technischer Know-how erforderlich ist, würde es beim Kunden störend wirken, wenn einmal der

Schokoladenverkäufer und gleich darauf der Pralinenverkäufer von ein- und derselben Firma einträfe. Dies gilt vor allem bei Ketten und Großfilialisten – den key accounts.

c) Es besteht Kuppelproduktion

In einem Unternehmen der Mineralölindustrie wäre eine artikelorientierte Spartenorganisation nicht durchführbar. Der Output der Raffinerie besteht gleichzeitig aus Benzin, Heizöl, Schmieröl, Bitumen und anderen Stoffen. Folglich hätte es keinen Sinn, einen Spartenchef für Heizöl und einen anderen für VK-Stoffe (Benzin) einzusetzen. Im Sommer würde der Benzin-Chef zu Lasten des Heizölkollegen Deckungsbeiträge erzielen, im Winter wäre es umgekehrt. Eine Spartenorganisation muß sich deshalb nach anderen Gesichtspunkten orientieren – zum Beispiel am Vertriebsweg. So könnte man einen Sparten- und damit Profit-Center-Chef für das Tankstellengeschäft einsetzen, einen anderen für das Industriegeschäft, einen dritten für die Luftfahrtgesellschaften, einen vierten für öffentliche Auftraggeber. Jeder Spartenchef würde versuchen, auf seinem Vertriebsweg möglichst viele Deckungsbeiträge I zu erwirtschaften – sowohl durch die eigenen Erzeugnisse aus den Raffinerien oder der eigenen Weiterverarbeitung als auch durch Handelswaren – und dies mit einer möglichst knappen Apparatur an direkten fixen Kosten (Deckungsbeitrag II des Vertriebsweg-Spartenchefs).

d) Zur Sparte gehören nur Verkauf und Engineering; das Werk bleibt zentral

Der Grund dafür liegt in den fixen Kosten. Kann man eine industrielle Kapazität für mehrere Sparten einsetzen, so hat es keinen Sinn, daß jeder Spartenchef sich sein eigenes Werk hinstellt. Trotzdem besteht auch hier die Chance einer voll gültigen Spartenorganisation. Nur tritt beim Übergang der Leistungen der Produktion in den Vertriebsbereich die Frage der *Verrechnungspreise* auf. Dafür gibt es prinzipiell folgende *5 Möglichkeiten* (auch für Lieferungen von Sparte zu Sparte):

1. Die Lieferungen der Produktion an die Vertriebssparte erfolgen zu Marktpreisen (Fall der Stufenproduktion; die vertreibende Sparte müßte hier gemäß der Beispiele unter a) eine eigene Weiterverarbeitung ausüben).

2. Die Produktion liefert zu Marktpreisen minus Abschlag für eingesparte Vertriebskosten. Der stärkere Teil ist hier die Produktion. Der Vertrieb ist – wahrscheinlich nicht zum besten der Unternehmung – zur Auslieferung degradiert, die aus dem Abschlag von den Marktpreisen gerade eben ihre Kosten zu decken hat (Verabredung von Vertriebskosten und Abschlagsrate innerhalb des Jahresbudgets). Das eigentliche Profit Center wäre die Produktion, die den um den Abschlag reduzierten Verrechnungspreis als Erlös gutgeschrieben erhält.

3. Die Produktion liefert zu Grenzkosten und fakturiert pro Zeitraum eine Vorhalteleistung für fixe Kosten als Block. Dieses Verfahren ist betriebswirtschaftlich am sinnvollsten. Deckungsbeiträge gibt es – als Erlösüberschüsse – nur, wenn verkauft ist und nicht schon, wenn produziert ist. Also entstehen die gesamten Deckungsbeiträge in der verkaufenden Sparte. Die Produktion fakturiert ihre Lieferungen zu Grenzkosten – sei es als Standard-Grenzkosten bei der Serienfertigung oder zu nachkalkulierten Grenzkosten bei der Einzelfertigung. Außerdem fakturiert die Produktion an die Vertriebssparten einen Teil ihres Fixkostenblocks in einem *festen Betrag je Zeitraum.* Diese anteiligen Fixkostenblöcke der Sparten würden sich im Rahmen der Jahresplanung bemessen gemäß den von den Spartenchefs gewünschten Reservierungen an Produktionskapazität (Abstimmung der Absatz- und Produktionsplanung im Rahmen der operativen Jahresplanung). Profit Center wäre allein die verkaufende Sparte. Erfolgsmaßstab der Produktion wäre die Einhaltung der Budgets der Kosten – zusammengesetzt aus variablen und fixen Komponenten.

4. Die Produktion liefert an den Vertrieb zu Verrechnungspreisen, die neben den Grenzkosten einen stückbezogenen oder ratierlichen Fixkostenbetrag enthalten. Dieser Fall kommt am häufigsten vor. Die Verrechnungspreise sind im Sinne der Standard-Vollkostenrechnung kalkuliert und haben eine Planbeschäftigung der Produktion als Basis. Folglich kommt es neben den Abweichungen der Istkosten gegenüber den Sollkosten auf den Kosten-Stellenbudgets (Verbrauchsabweichungen) auch zu Beschäftigungsabweichungen im Falle kleinerer oder größerer Ist-Beschäftigung der Produktion, als dies bei der Errechnung der Fixkostenraten pro Einheit im Rahmen der Jahresplanung zugrundegelegt worden war. Derartige Verrechnungspreise können zwischen Produktion und Vertrieb variiert werden – bei schlechter Auslastung des Werks z. B. herabgesetzt und bei großen Auftragsbeständen erhöht werden – und erhielten dadurch den Charakter elastischer Lenkpreise. Einstieg in diese »Bandbreiten« wäre jedoch der »als Parität« mit Standardfixkostenraten beaufschlagte Grenzkostensatz.

5. Die liefernde Sparte liefert zu Marktpreisen; die aufnehmende Sparte kauft zu Grenzkosten. Diese Lösung eignet sich für den Fall, daß eine Sparte an eine andere Sparte liefert, gleichzeitig aber auch an den freien Markt. Beispiel: zu einer Möbelfabrik, die nach Sparten organisiert ist (Wohnmöbel, Büromöbel usw.) gehört als eigene Sparte auch ein die anderen Sparten belieferndes Spanplattenwerk. Dieses Werk verkauft aber auch an den offenen Markt im In- und Ausland. Würde jetzt das Spanplattenwerk seine Erzeugnisse zu Grenzkosten an die eigenen Sparten abgeben müssen, so bestünde immer eine Abneigung des betreffenden Sparten-Chefs, die eigenen Kollegen zu beliefern. Würden die Sparten-Chefs für Wohn- und Büromöbel hingegen zu Marktpreisen bei der eigenen Vorstufe einkaufen müssen, so würden sie sich ih-

rerseits frustriert fühlen und womöglich fremdgehen wollen.

Nach dem Verfahren 5 liefert die Vorstufe an die eigenen Folge-Sparten zu Marktpreisen. Sie ist interessiert, die eigenen Kollegen möglichst gut und präzise zu versorgen, weil es einfacher ist, dort zu verkaufen statt auf dem offenen Markt. Andererseits bezahlen die einkaufenden Sparten nur die Grenzkosten. D. h. sie übernehmen in ihrer Grenzkosten-Kalkulation fertiger Wohnmöbel nicht den Marktpreis der Vorstufe, sondern nur die darin steckenden Standardgrenzkosten des Plattenwerks. Dadurch fällt die Entscheidung Eigenfertigung oder Fremdbezug stets zugunsten der Eigenfertigung aus, was eine gute Auslastung der in der Vorstufe installierten Kapazitäten möglichst im Mehrschichtbetrieb sicherstellt. Natürlich wird dadurch der Dekkungsbeitrag der Vorstufe doppelt verrechnet; denn der Marktpreis an die eigenen Folge-Sparten ist nur statistisch ausgewiesen im Sinne der Abgrenzung der Erfolgsmaßstäbe der Profit-Center-Chefs. Dieser doppelt verrechnete Deckungsbeitrag ist im System der Management-Erfolgsrechnung wieder herauszunehmen, was vor dem Standard-Ergebnis erfolgen kann.

Natürlich wird jedes derartige Abrechnungs-Schema überlagert durch handelsrechtliche Gesichtspunkte, falls die einzelnen Unternehmens-Glieder selbständige Gesellschaften sind – etwa GmbHs. Ferner kommen konzern-steuerrechtliche Fragen hinzu; besonders auch im internationalen Konzern. Diese Überlegungen im Treasurer-Bereich sind jedoch *unabhängig* von den Planungen des Controller-Bereiches zu sehen. *Ziel des Controllers bei der Organisation nach Profit Centers ist es, dafür zu sorgen, daß Gewinn überhaupt erzielt wird und jeder Bereichsleiter motiviert ist, an diesem Strang in die gleiche Richtung zu ziehen* sowie sich mit seinen Erfolgs-Maßstäben möglichst gut identifiziert. *Die Gewinnausweisungs- und -verlagerungspläne des Treasurer-Bereichs setzen erst einmal voraus, daß Gewinne überhaupt vorhanden sind. Sie stellen eine Folgeüberlegung dar, die auf die Darstellung abgelaufener Zeiträume zielt, während die Controller-Konstruktionen auf Entscheidungsprozesse hinsichtlich zukünftiger Gestaltungen ausgelegt sind.*

Neben den Sprachgebräuchen »Grenz- und Fixkosten« müßten Sie sehr verehrte(r) Leser(in) parallel heute mitdenken die neuen (2000/2001) Ausdrucksweisen ***»Produkt- und Strukturkosten«****.*

e) Sparten-Organisation und regionale Vertriebs-Organisation

Ganz analog, wie es oft sinnvoll ist, das Produktionswerk zentral zu betreiben, damit die Fixkostenkapazitäten sich nicht aufblähen, kann auch nicht generell gutgeheißen werden, wenn jeder einzelne Spartenchef sich eine eigene regionale Vertriebsorganisation mit Niederlassungen aufbaut. Besonders im Exportgeschäft überlagern die regionalen Prioritäten oft die spartenbezogenen Gesichtspunkte. In Übersee ist der »Standortkommandant«, der die Eigenarten des Landes kennt und die Beziehungen hat, oft wichtiger als der Manager des Produkts. Zudem werden ferne Exportmärkte nicht so intensiv bearbeitet, so daß es hier keinesfalls angebracht wäre, ohne weiteres für jede Sparte eigene Verkaufshäuser und Repräsentanzen einzurichten. Die regionale Export-Organisation untersteht deshalb häufig dem Zentral-Chef Vertrieb, der damit keine reine Service-Funktion hätte, sondern eine aktive Linienkompetenz für den Verkauf.

Dieses Übereinanderlegen zentraler und spartenbezogener Organisationselemente im Vertrieb (man spricht hier gelegentlich von der *»Matrix-Organisation«*) gilt nicht nur im Export, sondern aus Gründen der Wirtschaftlichkeit und knapp gehaltener »Apparate« und Vertriebsorganisationen häufig auch im Inland. So kann es vorkommen, daß ein Niederlassungsleiter dem Zentralvorstand Vertrieb unterstellt ist, während die Verkaufsleiter in der Niederlassung produktgruppen-orientiert eingesetzt sind und ihrem jeweiligen Geschäftsbereichs- oder Spartenvorstand berichten. Auch in eine solche Matrix-Organisation fädelt sich die Deckungsbeitragsrechnung als ein Informations- und Steuerungs-System des Controllers mit koordinierter Wirkung zwanglos ein; es handelt sich um eine mehrdimensionale Deckungsbeitragsrechnung – EDV-mäßig zu verwirklichen z.B. mit einer OLAP-Datei.

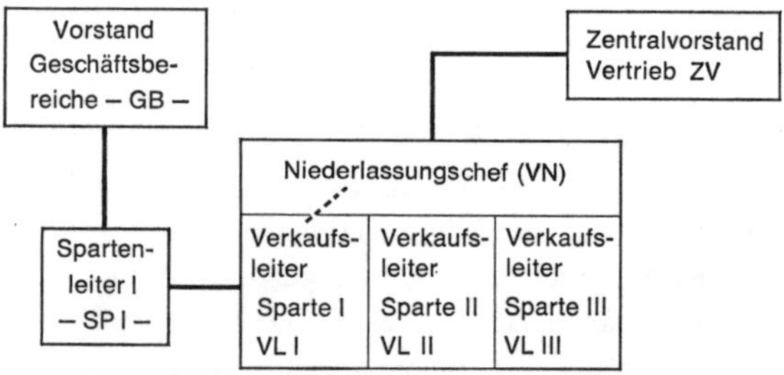

Abb. 17: Sparten- und regionale Verkaufsorganisation

Erfolgsmaßstab von VL I:

Erlöse VL I
./. Grenzkosten (evtl. Verrechnungspreise)
Deckungsbeitrag I
./. VL I – direkte Fixkosten
Deckungsbeitrag II VL I

Erfolgsmaßstab von SP I:

Summe Deckungsbeiträge II aller VL I
./. SP I – direkte Fixkosten
Deckungsbeitrag III SP I

Erfolgsmaßstab von GB:

Summe der Deckungsbeiträge III aller SP
./. GB – direkte Fixkosten
Deckungsbeitrag IV GB

Erfolgsmaßstab von VN:		Summe der Deckungsbeiträge I von VL I ,VL II, VL III
	./.	VN – direkte Fixkosten
		Deckungsbeitrag II VN
Erfolgsmaßstab von ZV:		Summe der Deckungsbeiträge II aller VN
	./.	ZV – direkte Fixkosten
		Deckungsbeitrag III ZV

Anstelle des frustrierenden Umlegens fixer Kosten wird hier eine stufenweise »Hochrechnung« der Deckungsbeiträge praktiziert, die vom Prinzip direkter Beeinflußbarkeit beherrscht ist.

		Total	Artikel 1	2 usw.
	Brutto-Erlöse	X	X	X
./.	Erlösschmälerungen	X	X	X
	Netto-Erlöse	X	X	X
./.	Umsatz-Einstand (Standard) a) als Verrechnungspreis b) als Standard-Grenzkosten	X	X	X
	Deckungsbeitrag I	X	X	X
	a) als Teil-Deckungsbeitrag (»gross profit«) des Verkaufsleiters b) als echter Deckungsbeitrag der Unternehmung			
./.	Verkaufsbüro – direkte Fixkosten	X		
	Deckungsbeitrag II	X		
	a) als Teil des Standard-Ergebnisses b) als Beitrag zur Deckung der Werks- und Zentralfixkosten, die im Falle a) im Verrechnungspreis »ratierlich« enthalten sind			
./.	Soll-Deckungsbeitrag für Werks- und Zentralfixkosten im Fall b)	X		
	Deckungsbeitrag III	X		
	(entspricht bei Variante b dem Deckungsbeitrag II der Variante a; zwar nicht in den Zahlen, aber in der Dimension)			

Abb. 18: System der Verkaufserfolgsrechnung als Profit-Center-Rechnung

Verkaufsleiter als PC-Chef / Verkaufsleiterin ebenso

Ein Profit-Center-Chef ist jemand, der in seiner Leitungsfunktion als Erfolgsmaßstab eine Gewinngröße besitzt. Wie schon gesagt, muß ein PC-Chef nicht unbedingt Leiter einer Sparte oder Division sein. Jeder Manager im Verkauf kann die Funktion des Gewinn-Managers übernehmen, sobald sein Leistungsmaßstab nicht mehr allein der Umsatz ist, sondern ein in der Dimension Deckungsbeitrag ausgedrückter Wert.

Das gezeigte Schema der Verkaufserfolgsrechnung wiederholt zunächst einmal das Zusammenspiel aus Deckungsbeitrag I und II. Der DB I bildet den Einstieg in die Beurteilung der Erzeugnisse und die Strategie des Verkaufsleiters in seinem »Sales Mix«; *der DB II bildet den Einstieg in die Beurteilung des Erfolgs des Verkaufsleiters als PC-Chef.* Auch hier wieder entsteht ein System aus Informationen für »decision accounting« und »responsibility accounting«.

Kontrollfrage: *Was kann der Verkaufsleiter beeinflussen?*

- Verkaufsvolumen in Einheiten;
- Verkaufspreise bzw. Erlösschmälerungen;
- Sortimentszusammensetzung (Sales Mix)
- Die eigenen Vertriebskosten;
- Gegebenenfalls – etwa bei einem Handels-Verkaufsbüro – auch den Umsatz-Einstand als die Einstandspreise fremder Lieferanten; im Beispiel allerdings ist der Umsatz-Einstand standardisiert, d. h. in seinen Kosten-Komponenten vom Einflußbereich des Verlaufsleiters abgegrenzt.

Die Abgrenzung vom Einflußbereich der Produktion und der Zentralverwaltung ist jedoch im Falle der beiden Varianten unterschiedlich geregelt. Im Falle a) besteht der Umsatz-Einstand vom eigenen Werk her in einem Verrechnungspreis, der auch Fixkosten der Produktion und der Zentralverwaltung anteilig (ratierlich) enthält. Aber auch ein solcher Verrechnungspreis verhält sich für den Verkaufsleiter wie ein echter Grenzkostenbetrag. Je mehr er von einem Artikel verkaufen will, desto höher ist sein Verrechnungspreis-Einstandswert (proportionale Kosten). Sein Deckungsbeitrag ist für seine Verkaufssteuerungs-Funktion ein voll gültiger Deckungsbeitrag, wie es im Modell des Getränkestandes dargestellt ist. Die amerikanischen Kollegen benutzen zur Kennzeichnung eines dergestalt *»gestutzten« Deckungsbeitrages den Begriff »gross profit«*.

Vorteil der Variante a)

Die Verrechnungspreise haben eine verkaufspreis-sichernde Funktion. Man muß sich die Deckungsbeiträge vorstellen wie eine »Weide«, auf der die ganze Firma »grast«. Verrechnungspreise wirken wie »Zäune« auf dieser Weide. Die Dekkungsbeitrags-Bezirke des Verkaufs werden von jenen anderer Bereiche abgegrenzt. Dafür besteht die Möglichkeit, dem Verkaufsleiter als Profit-Center-Chef größere Kompetenzen zu delegieren. Rutscht er auf seinem »hohen Seil« – vor allem beim Verkaufen der Verkaufspreise – aus, so stürzt er nicht gleich auf den harten Boden der Grenzkosten herunter, sondern zappelt erst einmal im Netz des Verrechnungspreises. Die Verrechnungspreise haben deshalb auch Bedeutung für die Frage, wieweit man die Informationen über die vollen Deckungsbeiträge an die Verkaufsfront vorschieben will. Ferner geben die Verrechnungspreise die Möglichkeit, auch einen großen und verzweigten Konzern dezentral zu steuern, ohne die Zügel aus der Hand zu geben.

Nachteil der Variante a)

Die Steuerungsentscheidungen der einzelnen Verkaufsmanager sind mit den Steuerungs-Erfordernissen der Gesamtfirma nicht synchronisiert. Um die Gesamtunternehmung möglichst sicher zum Break-even-Punkt zu bringen, müssen die Konzern-Deckungsbeiträge eingesetzt werden.

Dieser Nachteil kann indessen ausgeglichen werden durch das Instrument der S t r a t e g i e l i s t e. Aus dieser Liste gehen sowohl die vollen Deckungsbeiträge als auch die Verrechnungspreise als Zwischenziele oder »Interventionspunkte« hervor. Im Zahlenbeispiel der Abb. 32 könnte bei Produkt Gamma der Betrag von 25,– je Einheit ein solcher Verrechnungspreis sein. Erweist es sich als vorteilhaft, vom Gesamt-Deckungsbeitrag her ein Produkt zu forcieren, so muß für den einzelnen Verkaufsleiter diese Entscheidung des Konzerns auch von seinem Teil-Deckungsbeitrag (Erlös minus Verrechnungspreis) her einleuchtend sein. Notfalls ist durch den Zentral-Controller der Verrechnungspreis oder Fabrikabgabepreis für das förderungswürdige Erzeugnis in souveräner Entscheidung zur Sicherung von Führungsstil und Management-Strategie herunterzusetzen, so daß der Teil-Deckungsbeitrag (gross profit) steigt. Macht man das nicht, so würde erklärt werden, daß der Verkaufsleiter für den Gewinn in seinem Bereich zwar »verantwortlich« sei; daß er sich aber bei seinen Entscheidungen den Richtlinien der Zentrale zu unterwerfen habe, die möglicherweise aus »höherem Standpunkt« (voller Deckungsbeitrag) etwas anderes vorschreibt, als dem Verkaufsleiter aus seiner (Frosch-)Perspektive (gestutzter »Deckungsbeitrag«) sinnvoll erscheint. In diesem Falle wäre er gerade kein PC-Chef, weil dazu nicht bloß die »Verantwortung«, sondern die Entscheidungskompetenz gehört.

Die Variante b) läßt den vollen Deckungsbeitrag im Verkauf entstehen. Dafür aber muß der Verkaufsleiter neben dem Dekkungsziel für seine »eigenen« fixen Kosten noch ein Deckungsziel für die Werks- und Zentralfixkosten übernehmen. Dieses Ziel ist beim Deckungsbeitrag III erreicht. *Würde dieser zum Beispiel in einem Berichtszeitraum negativ ausfallen, dürfte man nicht sagen, der Verkaufsleiter macht Verluste, sondern man müßte sagen, er habe sein Ziel nicht erreicht.* Erfahrungsgemäß fällt es den Fachleuten der Buchhaltung schwer, »rote Zahlen« – *statt als Verluste – als nicht erreichte Ziele* zu interpretieren. Bemessungsgrundlage einer Tantieme des Verkaufsleiters sollte übrigens der Deckungsbeitrag II sein; d. h. jener, der nur aus solchen Komponenten besteht, die er selber auch beeinflussen kann. Der Soll-Deckungsbeitrag für Werks- und Zentralfixkosten stellt eine Art Budgetsicherung für die Deckungsbeiträge II dar und soll wie eine Meßlatte beim Hochsprung wirken. Das Soll wäre nach Tragfähigkeit zu bemessen — analog wie beim Sport nach der Leistungsfähigkeit (vgl. Abb. 23). Denjenigen Manager, der die hohen Deckungsziele bewältigt (Deckungsziel als motivierendes Wort statt des frustrierenden Begriffes »Umlage«), sollte man mit Status-Symbolen belohnen – zum Beispiel mit einem Parkplatz direkt neben dem Haupteingang, damit es jeder sehen kann, wer die hohen Ziele schafft. Deckungswanderpokal, goldene Deckungsnadel.

Die Entfaltung einer Verkaufspsychologie für Deckungsziele stellt eine besondere Aufgabe für den Controller als Ziel- und Planverkäufer dar.

Graphisch hat die Variante b) in der Verkaufserfolgsrechnung des Profit-Center-Chefs folgendes Bild:

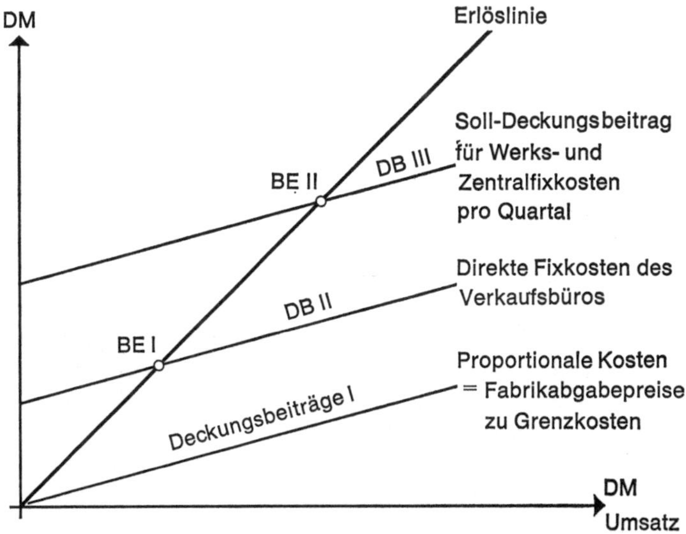

Abb. 19: Quartals-Break-even-Diagramm des Profit-Centers mit Soll-Deckungs-Block bzw. »Vorhalteleistung« für Werks- und Zentralfixkosten

Da die waagrechte und die senkrechte Achse den Maßstab Umsatz besitzen, läuft die Erlöslinie als 45°-Linie mitten durch das Diagramm. Am Break-even-Punkt I sind die direkten fixen Kosten des Verkaufsbüros gedeckt. Ab hier beginnt der Deckungsbeitrag II. Beim Break-even-Punkt II hat der Verkaufsleiter auch das Deckungsziel für Produktion und Zentrale erreicht. Hier öffnet sich die Zone des Deckungsbeitrags III.

Vorteil der Variante b)

Sie ist betriebswirtschaftlich korrekt, d. h. behandelt die Kosten so, wie sie sich verhalten; sie verknüpft ferner die Deckungsbeiträge voll mit dem Verkaufserfolg. Das Deckungsziel als Budget-Block eines Zeitraums wirkt motivierender als ein Verrechnungspreis, der einem folgt wie ein Schatten: je schneller man verkauft, desto schneller sind auch die Verrechnungspreise. Man wird sie nicht los. Dagegen erlebt der Verkaufsleiter am Break-even-Punkt II das *Erfolgsgefühl, es geschafft zu haben* – ähnlich wie das Gefühl beim Erreichen des Gipfelkreuzes nach einer anstrengenden Bergtour.

Nachteil der Variante b)

Sie ist schwieriger zu praktizieren, vor allem im Großunternehmen. Es ist nämlich viel schwieriger, solche Deckungsziele als Block zu »verkaufen« als die Verrechnungspreise, denen man für sich allein nicht so anmerkt, wie groß die Fixkostenlasten sind. Bei der Variante b) fragen die Verkaufs- und Spartenleiter natürlich, wieso man ein so großes Verwaltungshochhaus braucht, was die vielen Leute in der Zentralen Marktforschung oder in den Stabsstellen der Produktion eigentlich machen, obwohl sich weder die Absatzprognosen voll erfüllen noch die Aufträge terminsicher aus der Produktion kommen. Antworten auf solche Fragen sind für die Geschäftsleitung natürlich nicht immer sehr bequem; vor allem wenn man nicht genau weiß, was man will. Allerdings ist der unbequeme Weg oft der heilsame. Nur daß es im Großunternehmen nicht möglich ist, solche Dekkungsziel-Verabredungen für jeden wirklich voll verständlich zu organisieren; denn eine Voraussetzung dafür dürfte wohl der persönliche Kontakt der Geschäftsleitung mit den einzelnen Managern sein.

Kommentar zur Abb. 17:

Diese Doppelrechnung der Deckungsbeträge (gemäß dem Prinzip der Spalten und Zeilen einer Matrix) dient nicht nur als Schema der Ist-Abrechnung des Controllerbereichs, sondern vor allem auch *als Budget-Rahmen.* Darin äußert sich besonders das Prinzip, daß alle in einem Boot sitzen und daß das, was der eine als DB I-fördernde Maßnahmen unternimmt, auch der DB I-Planung des Partners zugute kommt.

Das Schema endet beim Vorsitzenden der Geschäftsleitung wie folgt:

Summe der Deckungsbeiträge IV GB und III ZV
./. VV-direkte Fixkosten
./. doppelt verrechnete (bzw. budgetierte) Deckungsbeiträge I
./. Unternehmens-Kapitalertrags-Ziel
= Management-Erfolg (der sich beim i. O. für das Budget auf Null stellt; die Zahl Null entspricht dem Buchstaben O für »Objective«).

Bemerkung in der 13. Auflage (2000)

Der Ansatz eines Verrechnungspreises in Höhe der (vollen) Anschaffungs- und Herstellungskosten entspräche der Handhabung beim Umsatzkostenverfahren (§ 275 (3) HGB) und wäre konform US GAAP. Der »gestutzte« Deckungsbeitrag ist dann das »Brutto-Ergebnis vom Umsatz«.

5. Kapitel

Fallstudie zur Unternehmensplanung — Plastikfabrik Lamina AG —

Situation

Der Controller der Plastikfabrik Lamina AG hat so etwa im Sommer aus den bis dahin vorliegenden Budget-Vorschlägen der Verkaufsleitung, der Produktionsleitung und der Einkaufsleitung einen Budget-Entwurf zusammengestellt, der als »Fahrplan« für das nächste Jahr vorgesehen ist. Im Entwurf ergibt sich aber noch ein Verlust von 20 000,–. Die Lamina stellt Plastikartikel her – vor allem Folien. Es handelt sich um eine Familien-Aktiengesellschaft. Der Firmensitz ist in der Schweiz.

	Artikel 1	Artikel 2	Artikel 3	Total
Tonnen	1 000	2 000	500	3 500
Nettopreis/t	500,–	420,–	600,–	–
Grenzkosten/t	320,–	320,–	400,–	
Erlöse	500 000,–	840 000,–	300 000,–	1 640 000,–
Proportionale Kosten d. Erlöses	320 000,–	640 000,–	200 000,–	1 160 000,–
Deckungsbeiträge	180 000,–	200 000,–	100 000,–	480 000,–
DB/t	180,–	100,–	200,–	
Arbeitsstd./t	3	2	5	
DB/Arb.-Std.	60,–	50,–	40,–	
Verfügbare Kapazität (Stunden)	3 000	4 000	2 500	9 500
Fixe Kosten				500 000,–
Verlust				./. 20 000,–
Eingesetztes Kapital				1 Million

Abb. 20: Budget-Entwurf

Die Summe der im Budget-Entwurf von Abbildung 20 eingesetzten 9500 Arbeitsstunden hat den Charakter des Engpasses. Jede Budget-Alternative muß diese limitierende Bedingung einhalten – sog. »Null-Prämisse«.

Auf der Grundlage der Daten, wie sie im Budget-Entwurf stehen, wäre es am günstigsten, den Artikel 1 zu forcieren. Er bringt den höchsten Deckungsbeitrag je Engpaßeinheit.

Beweis:

Angenommen, von Artikel 1 würden 500 Tonnen mehr verkauft und hergestellt. Das ergäbe 500 t mal 180,– Deckungsbeitrag je Tonne = 90 000,– zusätzliche Deckungsbeiträge. Für die Herstellung der 500 Tonnen würden 500 · 3 = 1500 zusätzliche Stunden gebraucht. Typisches Kennzeichen des Engpasses ist es nun, daß diese Stunden einem anderen Erzeugnis weggenommen werden müssen. Sagen wir, Artikel 3 wird dafür gedrosselt. Nimmt man Artikel 3 die für Erzeugnis 1 neu gebrauchten 1500 Stunden weg, so bedeutet das ein Bremsen um 1500 : 5 = 300 Tonnen. Mit den 300 Tonnen gehen 300 mal 200,– = 60 000,– Deckungsbeiträge verloren. Per Saldo beträgt der Gewinn im Deckungsbeitrag durch die Sales-Mix-Änderung 30 000,–.

Budget-Sitzung

Der Controller lädt deshalb die beteiligten Bereichs-Chefs – Verkaufsleiter, Produktionsleiter, Einkaufsleiter – etwa Ende Oktober zu einer neuen Budget-Sitzung ein, auf der ein Alternativ-Plan aufgestellt werden soll. Für diese Sitzung wurden schon die folgenden Überlegungen angestellt und Maßnahmen vorbereitend diskutiert. Mit Hilfe der 10 Punkte ist ein neues Budget zu entwickeln, das dann dem Präsidenten des Verwaltungsrates präsentiert werden soll.

Die geschäftspolitischen Möglichkeiten

1. Der Verkaufsleiter schlägt die Aufnahme eines Artikels Nr. 4 in das Sortiment vor. Je Tonne könnte ein Erlös von

480,– erzielt werden. Die vom Controller schon bereitgestellte Standard-Kalkulation der Grenzkosten ergibt einen Tonnensatz von 300,– und eine Belegungszeit der Kapazität in Höhe von 6 Stunden je Tonne. Das im ersten Jahr erreichbare Absatzvolumen schätzt der Verkaufsleiter auf 1000 Tonnen.

2. Die Absatzprognose für Artikel 3 ist recht günstig. Der Verkaufsleiter meint, daß von diesem Produkt auch das Dreifache des ersten Budgetentwurfs verkauft werden könne, wenn man den Verkäufern eine Aktionsprämie von 10,– je Tonne bieten würde.

3. Der Produktions-Chef hat eine verfahrenstechnische Verbesserung erfunden, die es ermöglicht, die Durchlaufzeit des Artikels 2 voraussichtlich zu beschleunigen. Aber er kann noch nicht angeben, wie groß die Zeitersparnis ist. Auch wollte er mit dieser Neuerung erst noch ein bißchen später herauskommen und sicher gehen, daß alles perfekt funktioniert.

4. Der Controller schlägt im Falle des Artikels 3 eine Preiserhöhung vor. Außerdem hält er es für wesentlich besser, wenn die Produktionsleitung sich bei der Herstellung dieses Artikels eine verfahrenstechnische Beschleunigung einfallen lassen könnte. Auch sind die Kosten des Materialeinkaufs mit 300,– je Tonne innerhalb des Grenzkostensatzes von 400,– bei Artikel 3 ziemlich hoch.

5. Der Verkaufsleiter könnte von Artikel 1 eine Steigerung des Absatzvolumens von 500 Tonnen verkraften, wenn der Preis dieses Produkts generell um 10% gesenkt würde.

6. Aus Marktgründen darf nach Meinung des Verkaufsleiters im Interesse des längerfristigen Umsatzwachstums keinesfalls am Absatzbudget von Artikel 3 etwas reduziert werden. Verzichtet man auf eine Aktionsprämie für die Verkäufer, so wäre immerhin hier doch noch fast annähernd das doppelte Tonnenvolumen abzusetzen. Wenn ein Budget gekürzt werden soll, dann vielleicht bei Artikel 2 von 2000

Tonnen auf 1800 Tonnen. Hier hat sich auch die Konkurrenz stark festgesetzt, während die Lamina AG beim Artikel 3 noch über einen beträchtlichen technischen Vorsprung verfügt.

7. Anstelle des Aktionsbonus für die Verkäufer von 10,– je Tonne wäre zur Sicherung des zusätzlichen Absatzzieles von rund 500 Tonnen bei Artikel 3 allerdings die Genehmigung eines speziell für dieses Produkt eingesetzten Werbemittelbudgets in Höhe von 50 000,– notwendig.

8. Von Produkt 1 könnte ein begrenztes Volumen von 250 Tonnen auf einem Exportmarkt abgesetzt werden. Für dieses Zusatzgeschäft wäre aber nur ein Preis von 440,– je Tonne zu erzielen. Der Einkaufsleiter macht überdies darauf aufmerksam, daß für Exportfracht und -verpackung zusätzliche 15,– je Tonne kalkuliert werden müßten.

9. Überhaupt schlägt der Einkaufsleiter vor, Produkt 1 nicht mehr selbst herzustellen, sondern zu handeln. Er hat vorsorglich mit einem Hersteller in einem EU-Land Beziehungen angeknüpft. Dieser könnte liefern zu einem Preis von 420,– beim Handelsvolumen zwischen 1000 und 2000 Tonnen je Jahr. Der Produktionsleiter ist von dieser Idee nicht sehr beglückt. Er weist darauf hin, daß man einen Artikel nicht handeln solle, den man selber erstklassig herstellt. Außerdem sei besonders in teuren Produktionsaggregaten (diese können alle drei Artikel herstellen) viel Kapital investiert und er sei der Meinung, daß sich dieses Kapital nur durch intensive Nutzung amortisiere.

10. Der Verwaltungsratspräsident, den die hohen fixen Kosten ärgern, ist der Auffassung, daß die Organisationsstruktur zu ändern ist. Er will den Verkaufsleiter zum Spartenleiter für Artikel 3, den Produktionsleiter zum Spartenleiter für Artikel 2 und den Einkaufsleiter zum Spartenleiter für Artikel 1 machen. Die Produktionsaggregate sollen entsprechend den Kapazitätsansprüchen den Sparten unterstellt werden. Den Sparten-Chefs wären die direkten fixen Kosten

unmittelbar nach Inanspruchnahme vorzugeben. Aber auch die Zentral-Fixkosten sollen nach Meinung des Präsidenten zugeordnet werden. Das Budget soll nicht verabschiedet werden, bevor nicht jeder Sparten-Chef auch seine Umlagen abdeckt. Dann erst will der Präsident die neuen Spartenleiter als echte »PC-Chefs« anerkennen. Im übrigen ist er der Meinung, daß das Budget ein Gewinnziel von 15% vor Steuern auf das investierte Kapital gewährleisten soll. Da er aber sonst nicht gerne in Zahlen denkt, wäre es ihm sympathisch, wenn ihm der Controller als der Planverkäufer die neue Planung graphisch vorführen könnte.

Wie man bei der Lösung der Fallstudie vorgeht

Erfahrungsgemäß wird in den meisten Fällen durch die Arbeitsgruppen so vorgegangen, daß man anfängt zu rechnen. Schließlich handelt es sich um einen »Controller-Fall«. Controller sind eben Leute mit spitzem Bleistift und Computer. Außerdem verleitet die erste Frage dazu, mit dem Rechnen anzufangen, und dann der Reihe nach einfach weiterzumachen.

Der erste Punkt mit der Sorte 4 kann nämlich – abgesehen von allen sonstigen marktstrategischen Fragen bei der Einführung eines neuen Produkts – bereits rechnerisch schnell erledigt werden. Würde man die Sorte 4 ins Programm aufnehmen, so ergäbe sich als Deckungsbeitrag je Arbeitsstunde ein Betrag von 30,– (Erlös 480,– minus Grenzkosten 300,– = Deckungsbeitrag 180,–; bezogen auf 6 Stunden Belegungszeit = 30,– je Stunde). Da die Gesamtkapazität von 9500 Stunden nicht überschritten werden darf, würden Erzeugnisse im Programm verdrängt, die mehr als 30,– je Stunde Deckungsbeitrag gebracht hätten. Die Folge wäre unvermeidlich ein Rückgang im Volumen des jährlichen Deckungsbeitrags und damit eine Vergrößerung des Verlustes.

Rechnet man aber jetzt Punkt für Punkt weiter durch, so ergibt sich allmählich eine gewisse Frustration. Spätestens tritt dieses Stadium bei Punkt 9 auf. Dort wird nämlich vorgeschlagen, das Erzeugnis 1 als eine Handelsware zu führen und gar nicht mehr selber herzustellen. Gerade dieses Produkt hat aber den höchsten Deckungsbeitrag je Stunde und sollte deshalb forciert werden.

Die Fallstudie macht deshalb deutlich, daß die Deckungsbeiträge nicht schon die Entscheidung bedeuten, *sondern erst den Einstieg in die Planung neuer Maßnahmen bilden.*

Ferner hat der Controller keineswegs bloß eine Rechenfunktion. Er hat die Aufgabe, die Budgetsitzung zu leiten und muß dabei gemäß unserer Funktionsdefinition als »Ziel- und Planverkäufer« wirksam sein. Außerdem kann der Controller kaum ein fix und fertig aufgestelltes und durchgerechnetes Budget in die Sitzung bereits mitbringen. Seine Partner aus Verkauf, Produktion und Einkauf würden sich sonst schon festgelegt fühlen und Widerstand leisten. *Der Controller hat also in der Budgetsitzung die Aufgabe zu erreichen, daß sich die einzelnen Funktions-Chefs im Sinne eines Fahrplans festlegen* – oder, wie es die amerikanischen Kollegen ausdrücken, ein »commitment« machen. Deshalb hängt in dieser Sitzung auch sehr viel davon ab, wie er das Protokoll führt, in dem die Ergebnisse und Commitments festgehalten werden sollen. Am besten wird das Protokoll nicht nur im Training, sondern auch in der echten Budgetsitzung so geführt, daß jeder die Punkte sehen kann, die festgelegt sind – also mit Hilfe von Flip-Charts, Tageslichtsprojektoren oder großen Wandtafeln. Besonders die gute alte Tafel ist sehr geeignet für eine Budgetsitzung, weil man ohne weiteres immer wieder neue Alternativen konstruieren und die vorigen wegwischen kann; heute – seit 1985 – mit der »PC«-Tabellenkalkulation. Vielleicht sollte man ein *»Budget-Zimmer«* einrichten samt Pinwänden und Moderationskarten.

Da der Controller ein Ziel- und Planverkäufer ist, muß zunächst einmal gefragt werden, worin das Ziel der Budgetsitzung besteht. Wer hat die Funktion, Ziele zu setzen? Die Geschäftsleitung – hier also der Präsident des Verwaltungsrates. Er hat sich vorgestellt, daß auf das eingesetzte Kapital von

1 Million ein Kapitalertrag vor Steuern von 15% erwirtschaftet wird. Daraus ergibt sich neben dem Budgetblock für die fixen Kosten in Höhe von 500 000,– ein gesamter Deckungsbedarf von 650 000,–. In der Budget-Sitzung müssen also Alternativen entwickelt werden, die gemeinsam zusätzliche Deckungsbeiträge von 170 000,– sicherstellen.

Planung und Festlegung neuer Strategien

Dieses Ziel ist nur zu erreichen, wenn man sich über den reinen Buchstaben des Geschriebenen und in Zahlen bereits Dastehenden hinwegsetzt und beginnt, strategisch zu denken.

Die Entwicklung einer Unternehmens-Strategie beginnt in dieser Fallstudie mit der Kontrollfrage: »Welches Erzeugnis ist für die Lamina AG am wichtigsten?« Man könnte – wenn man vordergründig an den Zahlen des Budget-Entwurfs haftet – annehmen, es sei Artikel 1, weil hier der Deckungsbeitrag je Stunde am höchsten ist. Das trifft aber nicht zu. Der bedeutungsvollste Artikel ist das Produkt 3, weil es die größten Marktchancen hat und weil die Lamina AG hier gegenüber den Mitbewerbern einen erheblichen technischen Vorsprung besitzt (Punkt 6, letzte Zeile); womit die guten Marktaussichten zum großen Teil zusammenhängen. Beim wichtigsten Erzeugnis ist aber der Deckungsbeitrag nicht in Ordnung. *Also muß er in Ordnung gebracht werden* durch die Abwägung eines höheren Verkaufspreises, durch Senkung der Grenzkosten und Reduktion der Durchlaufzeit.

Konferenztechnisch wäre es allerdings vorteilhaft, nicht mit Artikel 3 zu beginnen, sondern erst einmal ein paar einfachere Erfolge unter Dach und Fach zu bringen. So möge sich der Produktionsleiter im Falle des Erzeugnisses 2 entscheiden, um wieviel er die Belegungszeit reduzieren kann. Angenommen, es wird festgelegt: Um 10%. Die neue Belegungszeit wäre demnach nicht mehr 2, sondern 1,8 Stunden. Dadurch ändert sich sonst bei diesem Produkt nichts. Aber es werden 2000 · 0,2 = 400 Stunden freigesetzt.

Ferner wäre zu entscheiden, ob Artikel 1 als Handelsware geführt werden soll. Falls dies dem Image (Leitbild) der Unternehmung als Produktionsbetrieb nicht widerspricht, die Qualität des Lieferanten der eigenen gleichkommt, der Lieferant zuverlässig und terminsicher ist und seine Preisangebote längerfristig gelten; falls er ferner nicht in der Lage ist, die eigenen Kunden direkt zu beliefern, steht der Umstellung des Artikels 1 von der Eigenfertigung auf das Handelsgeschäft nichts im Wege. Dadurch würden 80 000,– Deckungsbeiträge erwirtschaftet und weitere 3000 Stunden gewonnen, die dem Artikel 3 als dem Zukunftsprodukt zur Verfügung stehen.

Die Preissenkung, die der Verkaufsleiter in Punkt 5 bei Artikel 1 erwägt, um 500 Tonnen mehr verkaufen zu können (Hintasten an eine Preis-Absatz-Funktion), scheidet aus. Dadurch wäre der Deckungsbeitrag je Tonne nur noch 30,–; bei 1500 Tonnen kämen 45 000,– Deckungsbeiträge ins Haus statt 80 000,– ohne Preissenkung.

Insgesamt stehen jetzt dem Erzeugnis 3 als zusätzliche Kapazität 3400 Stunden zur Verfügung. Am schnellsten käme man jetzt zum Ziel, wenn infolge des größeren Produktionsvolumens (das Doppelte bis das Dreifache laut Punkt 2 und 6) eine Reduktion der Belegungszeit in Angriff genommen werden könnte (Rationalisierung infolge größerer Stückzahlen; günstigere Rüstzeiten; Auswirkungen einer Lernkurve bei den Mitarbeitern, die den Artikel 3 besser beherrschen lernen). Sagen wir, der Produktions-Chef nimmt sich vor, die Belegungszeit auf 4,5 Stunden je Tonne zu begrenzen und dafür geeignete Maßnahmen einzuleiten (prinzipiell hat er sich vorher bereits Gedanken darüber gemacht, war aber von der Festlegung des Verkaufs hinsichtlich des Absatzvolumens noch abhängig). Dadurch würden rund 1300 Tonnen von Erzeugnis Nr. 3 hergestellt werden können (2500 plus 3400 Stunden dividiert durch 4,5 Stunden je Tonne). Laut Computerprotokoll 1311 t.

Jetzt kommt die Gretchen-Frage dieser Fallstudie: Zu welchem Verkaufspreis kann der Verkaufsleiter diese 1300 Tonnen verkaufen, wenn man davon ausgeht, daß bei Erzeugnis 3 ein technischer Vorsprung besteht? Soll man überhaupt einen solchen Vorsprung in einen Preisvorteil ummünzen? Oder soll man eine Art »Stayout-Price« gegenüber der Konkurrenz bevorzugen, um nicht zu sehr herauszufordern, sich hier auch zu engagieren und den Vorsprung aufzuholen? Wohlgemerkt: Wenn hier von Preiserhöhung die Rede ist, dann nicht als Reaktion auf gestiegene Herstellkosten, sondern als eine eigene, marktstrategische und mit dem Produkt-Image gekoppelte sowie auf die Konkurrenzverhältnisse eingestimmte *Aktion*. Die im Produkt 3 liegende Stärke ist operativ umzusetzen (umzusatzen).

Handelt es sich bei Produkt 3 um eine Nachfrage, die nicht so sehr preisempfindlich ist, so wäre durchaus zu erwägen, den Verkaufspreis heraufzusetzen. Nicht beliebig zwar. Es gibt so etwas wie eine »Preisschwelle«, die man ungestraft nicht überschreiten kann. Aber falls die Konkurrenz tatsächlich nachziehen sollte, könnte man dann immer noch den Verkaufspreis wieder senken und die Mitbewerber zwingen, auf Deckungsbeiträge für ihre Entwicklungskosten zu verzichten, während die eigenen Forschungs- und Entwicklungskosten inzwischen sicher unter Dach und Fach sind. Im übrigen könnte man den Verkäufern die gewünschte Aktionsprämie von 10,– je Tonne (Punkt 2) als Verkaufspreis-Aktionsprämie gewähren. Ferner steht Artikel 4 noch im Themenspeicher – in der »pipeline«.

Der Verkaufspreis für Artikel 3 wird auf 650,– festgesetzt. Bei 10,– Prämie für die Verkäufer und einem Volumen von 1300 Tonnen. Entscheid des Verkaufsleiters. Dazu kommt eine Reduktion der Grenzfertigungskosten.

Schließlich bleibt als Frage übrig, um wieviel die Einkaufskosten gesenkt werden können. Das ist schließlich kein so großes Problem mehr, nachdem mit dem größeren Absatzvolumen bei Artikel 3 auch ein größeres Bestellvolumen für die zur Herstellung von Produkt 3 benötigten Rohstoffe plaziert werden kann. Sagen wir, der Einkaufsleiter hätte die Auffassung, eine Reduktion des im Grenzkostensatz von 400,– je Tonne steckenden Materialanteils von 300,– (Punkt 4) um 20% durchsetzen zu können (vgl. Computer-Kalkulation Abb. 21a).

Text	Total	Art. 1	Art. 2	Art. 3	Art. 4
Absatz	4311	1000	2000	1311	
Preis/E.		500	420	650	
Grenzk/E		420	320	340	
DB/E		80	100	310	0
h/E		0	1,8	4,5	
Summe h	9499,5	0	3600	5899,5	0
DB/h			56	69	
Umsatz	2192150	500000	840000	852150	0
Prop.K.	1505740	420000	640000	445740	0
Summe DB	686410	80000	200000	406410	0
Promotion	16410			16410	
DB II	670000	80000	200000	390000	0
Zentr.K.	500000				Themen-
Betr.Erg.	170000				Speicher
ROI-Ziel	170000	80000	200000	390000	(Deckungs-
Man.Erf.	0	0	0	0	Ziele)

Zielerfüllung bei 17% statt 15% wie Seite 20

Abb. 21: Neue Planung für Budgetjahr/ME = 0 heißt Objektive

Kalkul.	Techn.Dat	Preis/e.	Wert je t
Mat. A t	0,66	160	105,6
Mat. B t	0,42	320	134,4
Mat.kost	1,08		240
Arbeits-h	4,5	20	90
Herstelk.			330
V'Prämie			10
Gr.Selbstk			340

Abb. 21 a: Computerbegleitete Kalkulation für Artikel 3

Wie reagiert der Präsident, wenn er das Resultat erfährt?

Meist reagieren in den Konferenzspielen der Seminare bei der Controller-Akademie die Präsidenten so, daß sie sich die einzelnen geplanten Maßnahmen im Detail erläutern lassen, um den Herren Bereichsleitern sozusagen »auf den Zahn zu fühlen«. Gewöhnlich spielt dabei der Gedanke mit eine Rolle, daß es im Grunde Sache des Präsidenten sei, über die einzelnen Maßnahmen auch zu entscheiden. Der Präsident sieht das neue Budget als einen Vorschlag an, der ihm vorgelegt wird und den er genehmigen soll.

Warum interessiert sich ein Präsident nicht einfach dafür, ob eine Planung zustande gekommen ist, die das von ihm aufgestellte Ziel erreicht? Wenn ja, wie es in der dargestellten Lösung doch der Fall ist, müßte sich der Präsident vor allem von einem vergewissern: davon nämlich, *ob jeder voll hinter seinen Bausteinen im Planungsgebäude steht und sich echt vorgenommen hat, das Budget gleichsam wie einen Fahrplan auch zu realisieren.*

Bekommt der Präsident das Ergebnis der Budgetsitzung gezeigt, so gibt es drei Fälle:

1. das Ziel von 15% ist *genau erreicht* – er könnte Zweifel haben, ob man ihm da nicht »eine Reserve gebaut« hat; ob das Budget auf das gewünschte Resultat nicht einfach hingetrimmt worden ist – schließlich ist es doch »bloß ein Budget« (und eben kein verpflichtender Fahrplan);
2. das Ziel von 15% ist *nicht erreicht* – da ein Budget anspruchsvoll und gleichzeitig erreichbar sein soll, tritt jetzt die Frage auf, ob die Zielsetzung für das kommende Jahr nicht zu hoch gegriffen ist; oder haben die Partner der Budgetsitzung gemauert und Reserven gebildet?
3. das Ziel von 15% ist *übertroffen* – er bekäme das ungute Gefühl, ob die Herren wirklich »auf dem Teppich« geblieben sind; ob sie nicht, solange noch geplant wird, zu viel Optimismus gehegt haben; ob nicht nachher während des

nächsten Jahres der Katzenjammer anfängt, weil die Konjunktur viel schlechter ist als gedacht, man deshalb nach einer Budgetrevision verlangt, da man die Verhältnisse doch nicht einfach zwingen könne – vielleicht hängen an einem so günstig aussehenden Budget Entscheidungen für neue Investitionen, die anlaufen, obwohl sie durch die Resultate später nicht gedeckt sind.

Diese Gesichtspunkte sind es, die den Präsidenten veranlassen, ins Budget »einzusteigen«.

Wer entscheidet über die Planung?

Der Unterschied zwischen Planung und Prognose liegt darin, daß die Planung eine Absichtserklärung enthält. Die Prognose schätzt ab, was auf uns zukommt – ausgehend von dem, was sich in der Vergangenheit abgespielt hat (Extrapolation von Trends). Sie ist eine Vorhersage sowohl über strukturelle Entwicklungen als auch über konjunkturelle Verläufe. Prognosen sind wie das Fernlicht beim Autofahren. Der Fahrer will beizeiten sehen, wenn eine enge Kurve auf ihn zukommt und nicht erst dann, wenn er kurz davor ist. Prognosen sollen das Marktgelände zeigen. Planung wäre, wieviel Gas gegeben wird oder in welchem Gang der Fahrer die nächste Kurve nimmt. Langfristige Planung (unter Zuhilfenahme langfristiger Prognosen) würde die Frage betreffen, in was für einem Auto der Fahrer sitzt, ob es für diese Art Marktgebiet und die jeweiligen »Straßenverhältnisse« auch wirklich geländegängig ist. Die Unternehmensplanung ist also mit Entscheidungen verknüpft über das, was man realisieren w i l l. Angenommen, die Prognose weist auf eine Marktlücke hin. Dann ist es Sache der Planung, ob man sich *vornimmt*, diese Lücke durch ein neues Angebot zu schließen oder nicht.

Auch in unserem Budget-Fall bei der Lamina AG waren eine ganze Reihe von Entscheidungen zu treffen:

- Reduktion der Belegungszeit bei Artikel 2 um 10%;
- Reduktion der Belegungszeit bei Artikel 3 auf 4,5 Stunden;
- Übergang bei Artikel 1 auf den Handel;
- Erhöhung des Verkaufspreises bei Artikel 3 auf 650,– bei einem Absatz von 1300 Tonnen im Jahr;
- Notwendigkeit einer Prämie von 10,– für die Verkäufer je Tonne bei Artikel 3;
- Reduktion der Materialeinkaufspreise bei Artikel 3 um 20%; vgl. Computerbegleitete Kalkulation bei Artikel 3 Abb. 21 a.

Wer soll diese Entscheidungen treffen? Der Präsident selber? Kann er es beurteilen? Wird er derjenige sein, der es durchführt? Was würde geschehen, wenn der Präsident auf Grund seiner »höheren Einsicht« den Verkaufspreis von Artikel 3 auf 700,– festlegt, obwohl der Verkaufsleiter dagegen ist? Entweder müßte der Verkaufs-Chef dann sagen, der Präsident möge gleich selber verkaufen; oder er wird den Präsidial-Entscheid schlukken und bloß darauf warten, bis er erklären kann, daß er immer schon gesagt habe, daß diese Maßnahme nicht geht und überzogen ist. Der Verkaufsleiter würde sich nicht verantwortlich fühlen, das Verkaufsbudget mit seiner Mannschaft zu realisieren. Er hätte nicht das Gefühl, es sei »sein Baby«.

Nach den Spielregeln des partizipativen Managements entscheidet *jeweils derjenige, der das Team zum gewünschten Ziel bringen soll.* Also: die Fragen der Belegungszeiten entscheidet der Produktionsleiter; das Zusammenwirken aus Verkaufspreis, Stückzahl und Prämie der Verkaufsleiter; die Reduktion von Einkaufspreisen der Einkaufsleiter. Die Funktionsinhaber sind nicht nur verantwortlich für ihre Aufgaben, sondern auch kompetent zu entscheiden. Erst dann darf erwartet werden, daß sie sich mit ihrer Funktion identifizieren und motiviert sind, das Geplante auch wirklich in die Tat umzusetzen.

Was entscheidet aber der Präsident? Er entscheidet über Fragen des Leitbildes. Dazu würde im Beispiel gehören, ob es das Image des Hauses nicht stört, einen Artikel, den man seither erstklassig selber hergestellt hat, plötzlich zu handeln. Ferner muß der Präsident über den Zielkonflikt entscheiden – also wenn es sich in der Budgetsitzung herausgestellt hätte, daß der Artikel 3 aus Marktgründen und Überlegungen langfristiger Zukunftssicherung forciert werden muß, obwohl er nicht den höchsten Deckungsbeitrag je Stunde bringt (falls also seine Strukturdaten nicht hätten korrigiert werden können). Hier käme es – ausgehend vom Modell des WEG-Zielbildes – zu einem Konflikt zwischen dem Wachstums- und dem Gewinnziel. Hier muß der Präsident selbst die Priorität setzen, weil er es ist, der diese Maßnahme im Verwaltungsrat und in der Gesellschafterversammlung »verkaufen« muß. Ferner hat der Präsident die Entscheidung darüber, ob am Tisch der Budgetkonferenz die richtigen Leute sitzen und ob er sich nicht von einem seiner Manager trennen muß.

Vorher gibt es aber noch eine andere Phase. Der Slogan »hire and fire« wäre abzuwandeln in »Fördern und Feuern«. Der Präsident hat die Aufgabe der Mitarbeiterförderung und -beratung bei seinen Top-Managern. Diese Funktion ist dem Trainer beim Fußballspiel vergleichbar. Er muß jeden Spieler in seiner Funktion auf dem Spielfeld so trainieren, damit er die besten Leistungen erbringt und gleichzeitig das Team aufeinander eingespielt ist – aber er kann nicht hergehen und die Tore selber schießen.

Ist das neue Budget optimal?

Diese Frage wird oft gestellt. Man hat die Vorstellung, daß doch eine optimale Planung – vielleicht mit Hilfe von Operations-Research-Optimierungsmodellen – rechnerisch müßte ermittelt werden können. Sicherlich wäre zu konzedieren, daß es noch andere Varianten für das neue Budget gibt, die vielleicht ein günstigeres Resultat als 17% Kapitalertrag geben oder die bestimmte Parameter zuverlässiger ins Kalkül einbeziehen, als es aus der Budgetdarstellung der Lamina AG ersichtlich ist.

Ich bin bei Bestrebungen zur »Optimierung« der Planung skeptisch. Je rechnerischer eine Unternehmensplanung aufgezogen ist und je mehr Simulationsmodelle dabei eingesetzt wurden, desto weniger durchschaubar wird sie, desto mehr haben die Manager das Gefühl, ein Roulette-Spiel zu absolvieren, desto weniger können sie sich mit dem Geplanten identifizieren und sich persönlich dafür engagieren. Eine Unternehmensplanung ist nach meiner Auffassung dann optimal, wenn sie das für notwendig gehaltene Ziel erfüllt und wenn jeder Manager sich vorgenommen hat, das Geplante mit Absicht und Motivation zu realisieren. Je mehr die leitenden Mitarbeiter der Planung verschworen sind, desto mehr kann man sich darauf verlassen, daß sie aufgeht. Und das wäre optimal.

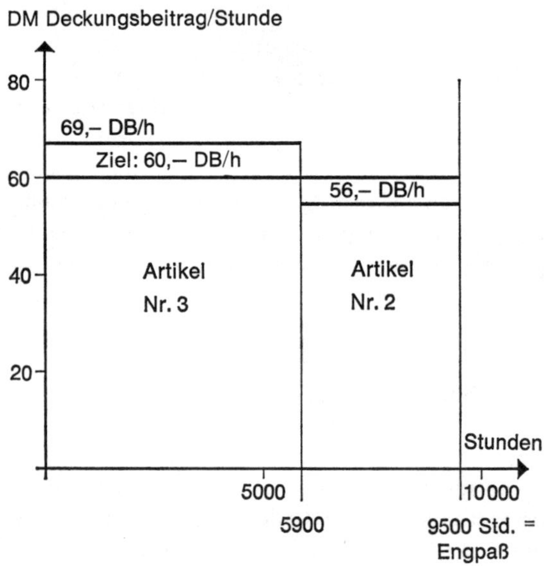

Abb. 22: Preiszielrechnung mit Soll-Deckungsbeitrag je Stunde bei Engpaßkapazitäten

Die graphische Budget-Präsentation

Der Präsident wollte (in Ziffer 10 d. Falls) die neue Lösung graphisch vorgeführt haben. Den Wunsch kann ihm der Controller erfüllen. Im vorherigen Schaubild ist auf der waagrechten Achse die verfügbare Kapazität in Stunden abgetragen und der limitierende Engpaß bei 9500 Stunden angegeben. Auf der senkrechten Achse ist der Deckungsbeitrag je Stunde eingesetzt.

Artikel 2 beansprucht 3600 Stunden (2000 Tonnen mal 1,8 Stunden je Tonne). Sein Deckungsbeitrag je Stunde beläuft sich auf 56,–. Artikel 3 benötigt die weiteren 5900 Stunden und spielt je Stunde rund 69,– Deckungsbeitrag ein. Die Rechtecke aus Stunden mal Deckungsbeitrag je Stunde geben das Volumen der Deckungsbeiträge an, das jedes der beiden Erzeugnisse bringt, das die Kapazität in Anspruch nimmt.

Der Soll-Deckungsbeitrag bestimmt sich nach der Formel:

$$\frac{\text{Fixe Kosten} + \text{Kapitalertragsziel} - \text{Deckungsbeiträge aus dem Handelsgeschäft}}{\text{Verfügbare Kapazität in Stunden}}$$

$$= \frac{500\,000 + 150\,000 - 80\,000}{9500} = \text{rund } 60,\text{—/Stunde.}$$

Man könnte dem Präsidenten also sagen, daß Artikel 3, der das größte Stundenvolumen beansprucht, die Meßlatte überspringt – wie beim Hochsprung – und daß Artikel 2 noch so trainiert werden muß, daß er das Ziel auch noch schafft. Jedenfalls ist das Plus bei Artikel 3 mehr als ausreichend, um das Manko von Artikel 2 auszugleichen. Der Kapitalertrag beträgt im neuen Budget nicht 15%, sondern 17% auf das eingesetzte Kapital von einer Million.

Kostenkalkulation bei den Erzeugnissen zur Preisziel- und zur Preis-Sicherungs-Rechnung

Der Controller als Ziel- und Planverkäufer kann sich nicht damit begnügen, daß Deckungsbeiträge zustande kommen. Er muß *Deckungsziele aufstellen* zur Sicherung des für die Erfüllung der Jahresplanung gebrauchten Deckungsbeitragsvolumens.

Die Entscheidungen über die Verkaufspreise fallen innerhalb des Aufbaus eines Jahresbudgets, wie es am Beispiel der Plastikfabrik dargestellt worden ist. Beim Artikel 3 etwa wurde ein neuer Preis von 650,– festgelegt, der in Verbindung mit der Eigenart des Erzeugnisses, dem technischen Vorsprung, dem Verhalten der Konkurrenz und der Preiselastizität der Nachfrage der Kunden zu sehen ist. Außerdem wurde dieser Verkaufspreis im Spannungsverhältnis mit einer ebenfalls gesteigerten Stückzahl von 1300 Tonnen festgesetzt. Ein weiterer Faktor im »Dreiecksverhältnis« der Verkaufspreisplanung ist die Werbung, die im Beispiel der Plastikfabrik durch die Aktionsprämie für die Verkäufer im Interesse der Durchsetzung des höheren Verkaufspreises vertreten wird.

Für dieses Preisplanungsproblem war eine Kalkulation der Kosten (Vollkostenkalkulation) für das Erzeugnis 3 nicht erforderlich. Der Verkaufspreis wurde »vom Markt her« entschieden. Vor allem hat der Verkaufsleiter ein *Planungsdatum im Sinne der Nachfragefunktion gesetzt:* Preis 650,–/1300 Tonnen. Der Budgetprozeß hat dieses Verkaufspreisgespräch sowie die neuen Entscheidungen in Gang gesetzt. Im Rahmen des Budgets hat sich auch erwiesen, daß die Deckung der gesamten Fixkosten erreicht wird und darüber hinaus 17% Kapitalertrag erwirtschaftet werden können. Wozu also dann noch eine Verkaufspreiskalkulation mit Soll-Deckungsbeiträgen?

Das graphische Präsentationsmodell für das neue Budget in Abb. 22 ist nämlich auch ein Kalkulationsmodell mit Soll-Deckungsbeiträgen. Auf der Basis der Kalkulation der Grenzkosten (vgl. Abb. 3) wäre ein Soll-Dekkungsbeitrag zur Bestimmung des Verkaufspreiszieles festzusetzen. Dieser Soll-Deckungsbeitrag könnte in unserem Beispiel durch den Satz 60,–/Stunde definiert sein. Soll ein Artikel kalkuliert werden, wären zunächst die Grenzkosten zu ermitteln. Über die Belegungszeit auf dem Engpaß mal Soll-Deckungsbeitrag je Engpaßeinheit würde sich der Soll-Deckungsbeitrag je Tonne des Produkts bemessen. Eine solche Zielrechnung für die Verkaufspreise befolgt das Kalkulationsprinzip der Inanspruchnahme: ein Erzeugnis, das je Tonne mehr Stunden der Kapazität in Anspruch nimmt, erhält ein höheres Deckungsziel vorgegeben.

Die graphische Darstellung in Abb. 22 zeigt, daß Erzeugnis Nr. 3 oberhalb des vorgegebenen Deckungsziels liegt und Erzeugnis 2 darunter. Produkt 3 ist t r a g f ä h i g e r als Erzeugnis Nr. 2. Deshalb ist der ursprünglich einmal nach Inanspruchnahme über 60,– Soll-Deckungsbeitrag je Stunde kalkulierte Verkaufspreis noch nach Tragfähigkeit zu variieren. Das wurde durch die Verhandlungen in der Budgetsitzung erreicht. In der Verkaufspreiskalkulation würde ich aber jetzt empfehlen, die ursprünglich einmal einheitlich festgesetzte *Meßlatte* von 60,–/Stunde noch *nach der T r a g f ä h i g k e i t zu individualisieren.* Graphisch sähe das dann folgendermaßen aus:

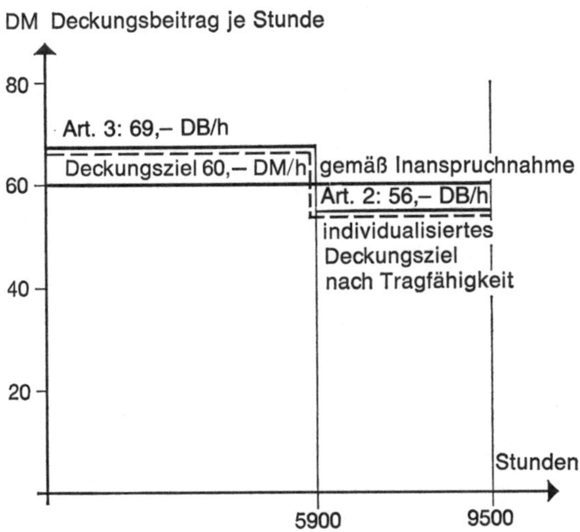

Abb. 23: Preissicherungs-Rechnung mit Soll-Deckungsbeiträgen nach dem Prinzip der Tragfähigkeit

Warum aber diese Prozedur? Der Verkaufspreis ist doch schon gemacht? Warum noch von der Kostenkalkulation her mit Soll-Deckungsbeiträgen eine solche nachträgliche Operation? Die Antwort lautet: *Zur Sicherung der Jahresplanung!*

Das kommende Budgetjahr ist lang. Täglich müssen Entscheidungen auch über die Verkaufspreise bzw. über Rabatte bei bestimmten Kunden und Erzeugnissen getroffen bzw. abgewehrt werden. Es könnte doch allzuleicht sein, daß die Verkaufsmanager ob des harten täglichen »happening« die »objectives« der Planung vergessen bzw. mit Optimismus denken, daß in den anderen Fällen die Sache noch geschaukelt werden kann. Am Ende kommt es dann so, daß das Budgetziel nicht erreicht wird. Man muß sich die Planentscheidung über einen Verkaufspreis vorstellen wie die Decke eines Zimmers. Damit sie hält, wird über die Soll-Deckungsbeitrags-Kalkulation ein Kosten-Deckungsziel-Gerüst dagegen gebaut. Das ist mit Kalkulation als *Preissicherungsrechnung* gemeint, während der Einstieg über den Soll-Deckungsbeitrag je Stunde die ursprüngliche *Preiszielrechnung* war, von deren Plattform die *Preiszielverhandlung* mit Rücksicht auf die unterschiedliche Tragfähigkeit der Erzeugnisse für Deckungsziele ausging.

Die Kostenkalkulation für einzelne Erzeugnisse bedeutet deshalb die *Übertragung der in der Jahresplanung für die gesamte Unternehmung aufgestellten Zielsetzung auf den Einzelfall,* der im täglichen Geschäft Verhandlungsgegenstand ist. Kostenkalkulationen der Produkte sind daher Check-points für Deckungsziele – so wie die Knoten in einem Netzplan auch Checkpoints darstellen, um das gesamte Projekt mit seinem Endtermin abzusichern. Der Verkauf soll, mit alarmierender Wirkung, sehen, welche Kostenteile nicht gedeckt sind, wenn er in einem Fall (besonderer Kunde oder Auftrag, Exportgeschäft) vom geplanten Verkaufspreis nach unten abweichen muß. Das kann er nur erkennen auf der Basis einer Kostenzuordnung im Sinne der Deckungszielrechnung mit Etappenzielen (das Kostengerüst hat verschiedene Plattformen). Dieser Sachverhalt ist auch in der Strategieliste in Abb. 32 dargestellt.

Durch diese Philosophie unterscheidet sich die Kalkulation der Kosten für Erzeugnisse im Falle einer Deckungsbeitragsrechnung von der alten Vollkostenkalkulation. Der Vollkostenkalkulator hat geglaubt, er könne durch Ermittlung der »Selbstkosten« errechnen, was ein Erzeugnis insgesamt der Unternehmung an Kosten verursacht hat, und daraus den Angebotspreis ableiten. Das ist eine Illusion. Was interessiert sich der Kunde für die Kosten, die der Hersteller gehabt hat?

Ähnlich illusionär ist aber das andere Extrem, das da lautet: »Die Preise macht der Markt!« Was soll das heißen? Fallen Verkaufspreise vom Himmel? Werden sie von der Konkurrenz ohne weiteres Nachdenken einfach abgeschrieben? Verkaufspreise müssen *vom Markt her* oder mit Rücksicht auf den Markt (Planung der Preis-Absatz-Funktion) festgelegt werden. Das ist die eine Seite des Spannungsverhältnisses bei einer Preisentscheidung. Die andere Seite besteht in der Zielrechnung von den Grenzkosten und Soll-Deckungsbeiträgen her. Wird eine solche Kosten-Zielrechnung versäumt, tritt das Spannungsverhältnis zwischen Controller und Verkaufsmanager gar nicht erst auf. *Ohne ein solches Spannungsverhältnis erfüllt der Controller aber seine Funktion nicht, Ziel- und Planverkäufer zu sein.*

Zuordnung zentraler fixer Kosten auf Sparten ebenfalls zur Budget-Sicherung

Eine Deckungszielrechnung für z. B. Spartenleiter (Personen) ist ähnlich zu interpretieren wie die Deckungszielrechnung für die Erzeugnisse (Sachen). In Abb. 21 ist gezeigt, wie eine solche Zielrechnung für die zentralen fixen Kosten durchgeführt werden kann. Sie wurde im Zahlenbeispiel nach Tragfähigkeit vorgenommen, und zwar nach dem Schlüssel des Budgets an Deckungsbeiträgen II für den einzelnen Spartenchef. Dieser Schlüssel bildet rechnerisch (statt nur auf dem Verhandlungsweg im Preisgespräch) die exakte Verwirklichung des Prinzips der Tragfähigkeit. Dies, falls Spartenzuständigkeit bestünde.

Aber wozu? Warum will der Präsident (Ziffer 10) eine solche »Verteilung« der zentralen fixen Kosten auf die Sparten sehen? Man könnte sagen, weil er alte Zöpfe liebt und das immer schon so gemacht worden ist. Oder weil sein Buchhalter, manchmal auch sein Wirtschaftsprüfer, ihm das so eingeredet hat.

Es gibt einen echten Grund: *Weil der Präsident der Planung nicht traut.* Weil er das Gefühl hat, daß seine Manager vielleicht denken: »Das war doch bloß eine Planung.« »Ja, macht nur einen Plan am grünen Tisch – die Praxis sieht ganz anders aus.« Damit die Spartenleiter stets sehen, daß die Deckungsbeiträge II nicht nur ein Resultat sein können, *sondern daß auf dieses Resultat ein Anspruch von der Kostendeckung her besteht;* damit jeder Spartenleiter diesen Sachverhalt bei sich selber anstatt nur ingesamt sieht; damit er nicht vergißt, daß die Planung für die Deckungsbeiträge II nicht einen Spaß oder sein Belieben, sondern für die Unternehmung von den Kosten her eine zwingende Notwendigkeit bedeutet – deshalb ist eine solche Zuordnung der zentralen fixen Kosten sowie des Kapitaldienstzieles auf die Sparten geboten und empfehlenswert. Nur muß man einsehen, daß es sich um eine *Budget-Sicherungs-Rechnung* handelt – auch wieder um ein Übertragen der Jahresplanung mit ihrem Break-even-point auf die einzelnen Bereiche im Sinne eines Check-point-Systems. In der Konsequenz heißt das aber auch, daß eine »rote Zahl« unter dem Strich der zentralen Fixkostendeckungsziele oder Umlagen keinen »Verlust« der Sparte bedeutet mit womöglich der Folge, in dieser Sparte weniger zu tun als seither, sondern *die rote Zahl signalisiert ein nicht erreichtes Ziel.*

Aus diesen Überlegungen ergibt sich, daß die Zuordnung von fixen Kosten sowohl auf einzelne Erzeugnisse wie auf einzelne Sparten überflüssig wird, wenn wir es in unserer Praxis besser lernen, gemäß Plan zu arbeiten und ein Budget konsequent zu realisieren anstatt an der Planung ständig herumzuzweifeln (ob sie nämlich stimmt bzw. wirklich »optimal« ist). Deshalb sind die im Band II dargestellten »PLANUNGSGRUNDSÄTZE«, die den Charakter der Unternehmensplanung als

Führungsinstrument unterstreichen, so überaus wichtig – wichtiger als so manche Verfahrens-Richtlinie für die Planung über Formulare und Termine.

Philosophie der Null

In der Management-Rechnung des Controller-Bereichs ist der Gewinn ein Ziel (Objective) und nicht bloß ein Ergebnis. Deshalb ist der Zielgewinn, »verpackt« als Kapitalertragsziel, wie ein Kostenbetrag behandelt. Wird das Budget verabschiedet – im Beispiel der Abb. 21 beim ROI-Ziel von 17% –, so stellt sich der Management-Erfolg – die Größe, die im herkömmlichen Sprachgebrauch dem »Betriebsergebnis« entspricht – auf Null. Das heißt soviel wie »Ziel erreicht«. Was ist der Erfolg des Management? Eben jener, daß die Ziele insgesamt und damit auch die Einzelziele erfüllt werden; d. h. daß sowohl nach Plan gearbeitet wie daß realistisch geplant wird. Die Null oder der Buchstabe O für »objective« taucht auch in der Strategieliste bei der Preis-Sicherungs-Rechnung wieder auf. Mit dieser Vorkehrung endet die Idee, ein Produkt an seinem »Kostenträger-Ergebnis« oder ein Profit Center am »Reingewinn« zu beurteilen. Im Falle der Planzahlen steht im Controller-Bereich bei Übereinstimmung von Zielsetzung und Planung in der letzten Zeile der Erfolgsrechnung überall die Null.

Ist die Planung a) zielführend? b) realistisch?

In der »Lamina AG« – sinngemäß wie bei jeder Budgetsitzung in der Praxis – geht es um die Beantwortung der Doppelfrage: Ist die Planung zielerfüllend und ist sie realistisch? Ob das Budget das vorher einmal begründete Kapital-Ertragsziel – ROI-Ziel – erfüllt, ist ein einfaches Rechenexempel. Da braucht man ja nur die Zahlen des Budgets zusammenzusammeln und prüfen, ob es rechnerisch »hinkommt«. Das »große Einmaleins« der Budgeterstellung ist die

Frage, ob das, was da als Fahrplan aufgestellt worden ist, auch als realistisch und erreichbar angesehen werden kann. Fast klassisch zu nennen ist in diesem Zusammenhang die These, die einmal ein Teilnehmer in einem Konferenzspiel auf die Frage des Präsidenten, ob die Planung realistisch sei, geäußert hat: »Wenn wir es hinkriegen, ist es realistisch.« Fast könnte man denken, dies sei ein Witz. Dabei steckt eine tiefe Weisheit darin. Wenn wir es hinkriegen wollen, ist es realistisch. Und genau das ist einer der wesentlichen Punkte, um die es bei der Erarbeitung eines Budgets »bottom up« und »top down« geht.

Checkliste, ob Budget realistisch – zugleich »risk list«

Nun ließe sich *eine Check-Liste* aufstellen, die eine Art *»Standard-Fragenkatalog des Controllers«* darstellt, und folgende Punkte umfaßt:

1) Sind Analysen ausreichend und verläßlich? Ist also das, was geplant worden ist, auch auf realistisch anzunehmenden Prognosen aufgebaut? Vor allem: Sind Art und Höhe des Bedarfs erkannt? Aus welcher Art von Bedarf möchte man mit Folien ausgerüstete Möbel haben? Und wie ist dann die Höhe des Bedarfs. Wächst dieser Markt, oder wächst er nicht mehr? Welche Verhaltensweisen wirken in diese Richtung?

2) Sind Alternativen und Sensitivitäten geprüft worden? Hat man nach dem Wenn ..., dann ...-Prinzip überlegt, was man tut, wenn es anders kommt als geplant. In diesen Prüfpunkt gehören nachher auch hinein die Optimistisch-pessimistisch-Korridore. Je besser man sich auf das rüstet, was man im Falle anderer Annahmen täte, desto sicherer läßt sich kurzfristig reagieren. Aus diesem Grunde ist ja auch kein Widerspruch zwischen planen und improvisieren. Derjenige *kann gekonnt improvisieren, der es versteht, realistisch und auf Alternativen aufgebaut zu planen.*

3) Sind strategische und operative Planung integriert? So wäre die Umstellung des Artikels 1 auf Handelsware nicht nur ein operatives Thema, ob ein Lieferant zu finden ist und terminsicher liefert. Dazu gehört auch die strategische Frage, ob sich jetzt das Leitbild des Unternehmens ändert. Tritt vielleicht ein Potentialverlust ein, wenn ein Produkt, das man seither selber hergestellt hat, jetzt als Handelsware geführt wird? Wo befindet sich der Artikel 1 auf einem Portfolio? Überhaupt ließen sich die 4 im Fallbeispiel skizzierten Produkte nach dem Portfolio-Bild ordnen etwa wie folgt:

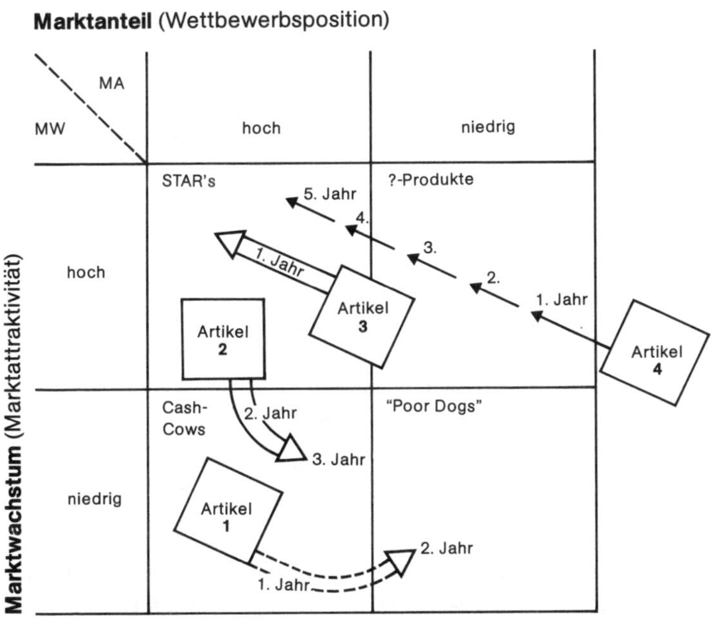

Abb. 23a: Portfoliobild (vom Flipchart) für die 4 Produkte der »Lamina AG«

Eine andere Beispiel-Frage zum Prüfprodukt 3 ist, ob der Artikel 3, der nach Drehbuch einen technischen Vorsprung vor Mitbewerbern besitzt (sei es in der Verarbeitungsfähigkeit, sei es im Dekor, sei es in der Art, wie er sich anfühlt) im Verkaufspreis angehoben werden kann. Das läßt sich einmal *operativ begründen* durch eine Preiskalkulation mit dem Solldeckungsbeitrag von 60,– je Stunde. Diese 60,– – zufälligerweise stimmt das überein – könnten sein erst einmal der Besitzstand, der von Artikel 1 angeboten ist. Und dann ist dieser Solldeckungsbeitrag je Stunde zu ermitteln nach der Art der Abbildung 22 mit der dort gezeigten Rechenformel, die ebenfalls 60,– je Stunde ergibt. Geht man von den ursprünglich im Budgetentwurf genannten 5 Stunden je Tonne aus, so ergäbe sich ein Soll-Deckungsbeitrag je Tonne daraufhin von 300,–. Die seitherigen Grenzkosten hinzuaddiert von 400,– ergäbe ein Preisziel von 700,–. Damit hätte der Controller eine *Bandbreite herausgearbeitet, die auch begründungsfähig ist.* Nachdem der Verkauf sagt, daß er bis 650,– gehen kann, wären die noch fehlenden Beitragsziele zu holen bei Einkauf und Durchlaufzeit. Das ist dem Controller in der Budget-Konferenz auch gelungen, der neue Deckungsbeitrag im Budget der Abbildung 21 beläuft sich auf 69,– je Stunde für den Artikel 3.

Die *strategische Frage* ist jetzt, ob diese 69,– je Stunde beim Preis von 650,– je Tonne vom Potential her machbar sein müßten. Auf diese Weise kommt eine 3. Betrachtung für die Verkaufspreisfindung hinzu. Aus dem operativen Bereich haben wir »geerbt« das *Spannungsfeld zwischen nötig* (Preiskalkulation von den Kosten her) und *möglich* (von den Mitbewerbern her). Hinzu kommt das Möglich sein müßte ausgehend vom Potential.

Dazu ließe sich eine Analyse nach dem folgenden Muster der Abb. 23b aufbauen: Es ergibt sich eine Potentialsumme von 420 Punkten. Dieser Wert ist in sich schon einmal controllable. Man könnte zu einem späteren Termin erneut die Kritierien prüfen. Käme weniger heraus als 420, so hieße das, daß ein Potentialverlust eingetreten ist. Ist das zu spüren, so läßt sich jetzt schon abschätzen, daß einige Zeit später man im Verkaufspreis wohl nicht mehr hinkommt, folglich die Ergebnisse nicht mehr stimmen und wieder einige Zeit später die Finanzen nicht mehr in Ordnung sein werden. Also haben wir hier bei dieser Gelegenheit auch einen Baustein zu einem strategischen *Frühbeurteilungssystem* gewonnen.

Kriterien für Potential	*Wert aus Sicht Kunde*	*Beurteilung gegenüber Mitbewerber*	*Potential-Punkte*
Verarbeitung	40		160
Dekor	10		50
"Feeling"	5		15
Präzision der Lieferung	10		20
Anwendungstechnik	35		175
	100		420

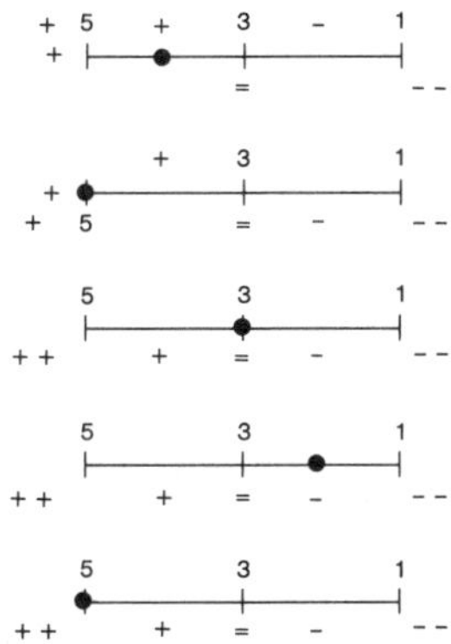

Abb. 23 b: Vom Flipchart »geholte« Potentialanalyse für Artikel 3. Preis, der möglich sein müßte: 420 Punkte, bezogen auf 300 (gleich wie Konkurrenz), ergibt Faktor 1,4. Konkurrenzpreis 600 · 1,4 = 840,–/t als an sich möglich sein müssender Preis, dann vielleicht ohne Mengensteigerung.

4) Sind die operativen Teilpläne verzahnt? Das hieße jetzt die Integration von Verkaufsplan, Produktionsplan, Beschaffungsplan samt Abstimmung mit Personalplan, Entwicklungsplan usw. Im Beispiel erfolgt vor allem eine Abstimmung auf den Engpaß der Stunden. Ferner erfüllt das Zusammenwirken von Verkauf, Produktion und Einkauf in der Budgetkonfe-

renz diese Verknüpfung; moderiert durch den Controller. Was ausdrücklich in der Integration der operativen Teilpläne fehlt, ist der Finanzplan. Dazu müßte parallel zur Ergebnisbudgetierung im Rahmen der Deckungsbeitragsrechnung eine Bewegungsbilanz aufgebaut werden, die über zusätzliche Mittelbedürfnisse und deren Finananzierung Auskunft gibt.

5) Sind Maßnahmen geplant, oder hat man es einfach rechnerisch hingetrimmt? Manche fangen ja mit dem Budget unten an. Sie fragen, was der Präsident sehen will. Also schreibt man gleich hin, daß 150 000 als Betriebsergebnis herauskommen sollen. Dann wird nach oben hin angepaßt – und bei Abweichungen wird einem dann schon etwas einfallen. Dankenswerterweise gibt es ja immer die Möglichkeit des Wetterberichtes zur Begründung von Abweichungen.
Also müßten die Budgetzahlen durch Aktionen hinterlegt sein. Nach Mengenlehre geschrieben, wäre z. B. ein Marketing-Budget die Menge seiner Aktionselemente; also
$M \geq \{A, B, C \ldots K\}$.

6) Besteht eine kundenbezogene Auftragseingangsplanung? An sich ist das wieder eine Fortsetzung der Überlegung, ob es auch Maßnahmen sind, die man da geplant hat, oder ob bloß Zahlen geschrieben worden sind. Die kundenbezogene Auftragseingangsplanung schreit nämlich geradezu nach Maßnahmen der Kundenbesuche, anwendungstechnischen Hilfen, der Werbekostenzuschüsse, der Aktionen. Häufiger Irrtum bei der Planung ist ja, daß man von den Produkten ausgeht und fragt, wo jetzt die Kunden seien. Besser ist es, vom Kunden her auf das Produkt hinzudenken. Das führt dann auch wieder zurück in Ziffer 3 zur Prüfung, ob operative und strategische Planung integriert seien.

7) Liegt Kontinuität in der Planung drin? Das mag sich einmal beziehen auf den Vergleich zum Vorjahr. Vor allem aber erhebt sich die Frage, ob das Jahresbudget – der Jahreswirtschaftsplan – auch in der rollenden Mehrjahresplanung eingebettet ist. Oder steckt irgendwo ein Hockeyschlägereffekt oder der Stierhornplan drin? Das hieße, daß in einem späteren Jahr der

Umsatz steil nach oben zeigt. Bloß im bevorstehenden Jahr gehts halt nicht. Also müßte man die Budgetierung des bevorstehenden Jahres auch mit der Mehrjahresplanung integrieren – und umgekehrt vor allem. *Was langfristig gewollt ist, muß auch kurzfristig machbar sein. Wobei übrigens etwas nicht dadurch strategisch wird, daß man es langfristig plant.* Die Mehrjahreskontinuität ist ein zusätzlicher Gesichtspunkt zur Frage 3), ob strategische und operative Planung verknüpft sind. Zur operativen Mehrjahresplanung gehört auch die Realisierung dessen, was eine Erfahrungskurve an Rationalisierungspotential vorgibt.

8) Hat der's gesagt, der zuständig ist? Das wäre ein wichtiger Prüfpunkt in der begleitenden Beurteilung durch den Controller, ob die Planung realistisch ist. Nicht daß Verkaufspreise durch den Produktionschef gemacht und daß Durchlaufzeiten-Verkürzungen durch den Verkaufschef entschieden werden. Das führt auch gleich weiter zur nächsten Ziffer:

9) Wurde die Planung auch »von unten« – also »bottom up« – erarbeitet? Ist also das Budget zusammen mit den Mitarbeitern entwickelt worden?

10) ist die Planung ökonomisch logisch? Da läßt sich in Abbildung 21 für das neue Budget einmal sagen, daß es günstig ist, wenn begleitend die Zahlen, über die Entscheidungen getroffen worden sind, auch extra protokolliert werden. Das betrifft vor allem die Fertigungszeiten. Ist es ökonomisch logisch, daß bei Artikel 2, der schon die kürzeste Fertigungszeit hat, eine weitere Reduktion machbar erscheint. Ja, ließe sich sagen; denn Artikel 2 ist ein Standardprodukt, das man in der Produktion besonders gut beherrscht. Nur kann dann die Reduktion der Arbeitszeiten nicht mehr groß sein. Vielleicht sind die 1,8 Stunden, die im neuen Budget niedergelegt worden sind, so einigermaßen machbar. Aber laut dem protokollierten Beispiel ist es nicht logisch, daß der Grenzkostensatz von 320 je t beibehalten worden ist, obwohl die Fertigungszeit verkürzt wurde von 2 auf 1,8 Stunden je t. Daraus folgt nämlich, daß die Grenzfertigungskosten sich ebenfalls reduzieren müßten. Da von Artikel 3 abzuleiten ist, daß die Stunde

einem Kostensatz von 20,– entspricht, würde sich der Grenzkostensatz für Artikel 2 reduzieren auf 316 – um 0,2 von 20. Zunächst könnte man auch fragen, ob es ökonomisch logisch ist, bei Artikel 3 die Menge zu erhöhen und gleichzeitig den Preis heraufzusetzen. Man könnte sich fragen, ob die Nachfragefunktion jetzt so verläuft, daß man bei höherem Preis einfach mehr verkaufen kann. Das würde ja viele Probleme vieler Branchen schlagartig lösen lassen.

Bloß ist es hier nicht gemeint: Es handelt sich nicht um eine andere Darstellung der Preis-Absatz-Funktion, sondern um ein Verlagern der Preisabsatzkurve (z. B. gemäß Abbildung 10) auf ein höheres Niveau, das rechts draußen liegt. Dies erscheint machbar durch den beträchtlichen technischen Vorsprung. Damit wäre wieder die Prüffrage 3 aufgeboten zusammen mit 10 – als strategisch beherrscht und wirtschaftlich logisch.

Diese 10 Prüffragen könnten – wie gesagt – wirken als eine Art Standardfragen-Katalog des Controllers. Je mehr ein System die Fragen stellt, desto weniger muß eine Person sie stellen. Wenn ein System fragt – auch wenn die Frage bitter sein mag – dann fördert das die Idee der Selbstüberzeugung und sichert den Traineraspekt in der Erfüllung der Controllerfunktion.

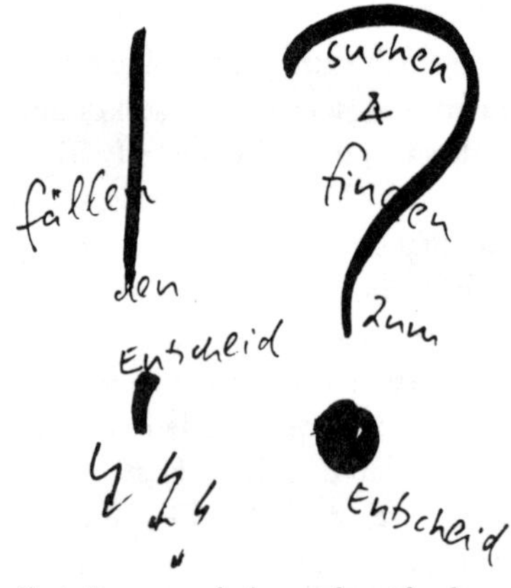

Abb. 23c: Controller's Fragesymbol – vorher überlegen, macht nachher überlegen – gehört ins Risiko-Management nach KonTraG.

6. Kapitel

Strategische, operative und dispositive Unternehmensplanung

Wie eine Unternehmensplanung aufzubauen ist, hat im Skelett schon die Planungsfallstudie der Plastikfabrik Lamina AG im 5. Kapitel gezeigt. Das mindeste nämlich, was auf dem Weg zum Gewinnziel in Form einer Planung festgelegt werden muß, ist das Verhältnis zwischen Umsatz, Kosten und Gewinn. Dabei hat es sich bei der Plastikfabrik schon um eine recht differenzierte Planung gehandelt, die sich auf einzelne Erzeugnisse bezog. Oft genug wird in der Praxis der Umsatz noch pauschal in der Weise »geplant«, daß man das abgelaufene Jahr hernimmt und 10% dazufügt – je nach dem vorhandenen Optimismus. Solche »Planungsmethoden« bleiben im Bereich der Prognose hängen. Der Einstieg in eine integrierte Unternehmensplanung erfordert im Absatzbereich eine differenzierte Planung von Stückzahlen bei den einzelnen Erzeugnissen oder zumindest Erzeugnisgruppen. Wie soll sonst die Produktionsplanung ihren Stundenbedarf oder der Einkauf sein Materialbeschaffungsprogramm planen können?

Planung und Prognose: worin liegt der Unterschied?

Wie schon gesagt – und wie es der II. Band innerhalb der Planungsgrundsätze des 8. Kapitels wiederholt – stellt die Prognose eine Vorhersage dar, während die Planung eine Willenserklärung und damit auch Entscheidungen enthält. Die Planung legt fest, *was gemacht werden soll.* Leider ist in der Praxis immer wieder festzustellen, daß es offenbar sehr schwer fällt zu sagen, wohin die Reise der Unternehmung gehen soll und auf welchen Wegen. Die Reaktion der Geschäftsleitung besteht dann häufig darin, von den Fachleuten genauere Prognosen zu verlangen, damit man um eine unbequeme Entscheidung herumkommt. Vielleicht wird sie einem von den Verhältnissen automatisch abgenommen.

Fallbeispiel: Der Vorstandsvorsitzende einer Unternehmung fragte einen der Spartenchefs: »Ist Ihre Planung für 1971 realistisch?« Antwort des Spartenchefs: »Ja(wohl).« Vorstandsvorsitzender: »Warum?« Antwort des Spartenchefs: »Weil wir alles genau analysiert haben und die Daten unserer Planung gründlich geprüft sind.« Vorstandsvorsitzender: »Haben Sie wirklich alles genau geprüft? Da ist doch ein neues Gutachten von dem XY-Team erstellt worden. Haben Sie das einbezogen. Auch hat Herr Sowieso neulich einen Aufsatz im Z-Magazin geschrieben, der gerade für Ihren Bereich interessante Perspektiven eröffnet.«

Der Spartenchef ist frustriert. Alles kann er nicht geprüft und bedacht haben. Irgendwann muß man auch einmal aufhören, weitere Fakten zu sammeln und vom *»Problemlöser«* zum *»Konfliktlöser«* übergehen; d. h. die Planung zum Laufen zu bringen, ob sie nun »stimmt« oder nicht.

Der Spartenleiter hätte auf die Frage, ob seine Planung realistisch sei, auch antworten können: *»Weil meine Mitarbeiter und ich uns vorgenommen haben, das Geplante in die Tat umzusetzen* (als Konfliktlöser).« Fragt der Vorstand: »Sind Sie sicher?«, so müßte der Spartenleiter antworten: »So sicher wie ich der Sparten-Chef bin.«

Diese beiden Antworten markieren den Unterschied zwischen der Planung als einem Fahrplan für das Management und der Problemlösungs- und Prognose-Vorarbeit in den Planungs-Stäben. *»Wenn wir's hinkriegen (wollen), ist's realistisch.«*

Um von reinen Umsatzprognosen zu einer operativen Planung zu kommen, kann man einen an sich einfachen Trick einsetzen, den ich mit einer Geschichte belegen will, die mir als Werkstudent passiert ist. Ich hatte einmal in der statistischen Abteilung einer Markenartikelfirma zu tun, in der Umsatz-Entwicklungen nach folgendem Bild aufgestellt worden sind.

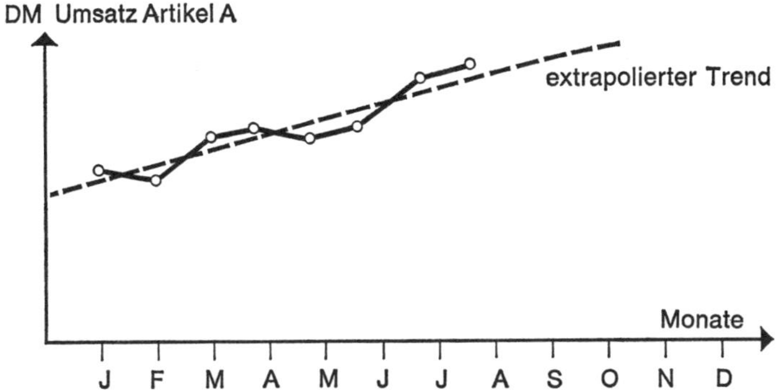

Abb. 24: Trendextrapolation bei Umsatz-Statistik

Der Umsatzkurve des Artikels A mit all den saison-, werbe- und zufallsbedingten Spitzen und Tälern folgt eine gestrichelt gezeichnete Trendlinie. Die statistische Abteilung hat aber den Trend nicht selbst eingetragen. Das wurde im Büro des stellvertretenden Generaldirektors durchgeführt, nachdem eine Reihe von Monaten mit ihrer Umsatzentwicklung vom Statistikbüro aus den Rechnungskopien heraus (damals gab es noch keine Datenverarbeitung) zusammengestellt und eingetragen worden waren. Als wißbegieriger Werkstudent fragte ich meinen damaligen Vorgesetzten, wie der Generaldirektor das mit der Trendlinie mache. Antwort: »Das weiß ich nicht, aber er macht es sehr genau!«

Die Trendlinie könnte man jetzt – ausgehend von der Vergangenheit – in die Zukunft verlängern (extrapolieren). Dabei wären konjunkturelle Entwicklungen in Rechnung zu stellen. Aber die »Planung« würde sich nur auf die Größe *DM Umsatz* beziehen, obwohl im DM-Volumen an Umsatz zumindest die beiden Größen Verkaufspreis und Stückzahl stecken, die gegenseitig voneinander abhängen. Durch eine reine DM-Umsatz-Extrapolation werden die Zusammenhänge der operativen Preis-Absatz-Planung zugeschüttet.

Die Marktplanung kann keine einfache Planung in der Größe DM Umsatz sein. Zu planen ist bei den verschiedenen Erzeugnissen:

Verkaufspreis/Stückzahl/Werbe- und Verkaufsförderungsmaßnahmen/Entwicklungsvorhaben/Vertriebswege/Absatzgebiete/Erlösschmälerungssystem/Service-Konzeption.

Zwingt man sich dazu, die Marktplanung in einer solchen Differenzierung zu sehen, so kommt man auch nicht an der Frage vorbei, was für einen strategischen Sinn eine bestimmte Verkaufspreisentscheidung, Werbemaßnahme oder Vertriebswegkonzeption haben soll.

In einer bekannten Unternehmung wurde bei einem solchen Planungsgespräch in Frage gestellt, warum dieselben Produkte in demselben Gebiet verkauft werden sowohl durch Spezialisten aus dem Innendienst als auch durch eigene Niederlassungen in dem betreffenden Gebiet als auch durch Fachhändler für derartige Erzeugnisse als auch durch selbständige Handelsvertreter. Auf diese Weise gehen einerseits durch Rabatte und Provisionen die Deckungsbeiträge verloren, die andererseits für die Fixkosten des eigenen Service- und Vertriebsapparats dringend gebraucht würden. Auf die Frage, was man sich dabei gedacht habe, erfolgte Achselzucken. »Hat sich im Lauf der Jahre so herausgebildet.« Bisher hatte das betreffende Haus seinen Umsatz auch so »geplant«, daß einfach nach Erfahrungswerten eine Wachstumsrate von 20% auf den Umsatz des Vorjahres aufgestockt wurde.

Strategische Unternehmensplanung

Die strategische Planung besteht aus der Festlegung und ausdrücklichen Formulierung von:

Leitbild (Unternehmens-Aufgabe)
Zielsetzung (Marktanteile, ROI)
Strategien (Wege zu den Zielen)
Prämissen (Verhaltens-Annahmen bei anderen)
Maßnahmen (Erfordernissen).

Leitbilder wären z. B. (vgl. S. 15): »Wir sind eine Unternehmung, die Markenartikel anbietet (statt Massenware)« oder »wir liefern an den breiten Markt durchrationalisierte Erzeugnisse in großen Serien zu niedrigen Preisen.« Eine *Zielsetzung* wäre: »Wir wollen unseren Marktanteil im nächsten Jahr um 20% erhöhen.« Beispiel für die *Strategie:* »Der Weg, den wir zum Ziel der Erhöhung des Marktanteils gehen wollen, besteht im verstärkten Einsatz an Werbung, Verkaufsförderung sowie Service (und nicht etwa in einer Preissenkung).« Als *Prämisse* gilt: »Unser Konkurrent Y bringt auf diesem Gebiet während des Planungszeitraums kein neues Produkt heraus.« Eine *Maßnahme* wäre: »Entwicklung einer neuen Werbekonzeption unter Mithilfe einer Werbeagentur sowie die Suche und das Eintrainieren eines neuen Stabes an Produkt-Managern.«

Die strategische Planung ließe sich nach Muster der Abb. 25 auf einem Formular notieren. Das schriftliche Festhalten hat nicht nur formale Bedeutung. Dadurch daß man seine Vorstellungen zu Papier bringt, zwingt man sich dazu, Klarheit zu schaffen hinsichtlich dessen, was man will: Für sich selber, für andere Geschäftsbereichsleiter sowie für die eigenen Mitarbeiter. Außerdem muß man sich *festlegen.* Ohne solche »Commitments« findet man nämlich weder die schwachen Punkte der eigenen Konzeption heraus, noch besteht nachher eine Basis für einen Soll-Ist-Vergleich. Nur daß man eben durch das Muß des schriftlichen Festhaltens einer strategischen Planung gegen das urmenschliche Bedürfnis kämpft, daß jeder gerne recht behalten möchte. Es ist eben sehr schön, wenn man hinterdrein erwähnen kann, daß man dieses oder jenes immer schon gesagt habe. Durch die schriftliche Planung muß man sich vorher festlegen und das Gesagte auch einmal gegen sich selber gelten lassen. Die Unter-

<table>
<tr><td rowspan="2">1. Langfristige geschäfts-politische ZIELSETZUNGEN Produktgruppe XY</td><td colspan="3">speziell im Inland</td><td>speziell im Ausland</td></tr>
<tr><td colspan="3">Einführung eines neuen Artikelsortiments auf einem Markt, der zukunftsträchtig ist; auf dem aber bisher nur die Konkurrenz B arbeitet. Erreichen folgender Marktanteile in den nächsten 5 Jahren . . . . Postulierung eines Qualitäts-Image und damit Distanz schaffen zur Konkurrenz</td><td>keine</td></tr>
<tr><td>2. STRATEGIE</td><td colspan="4">Distribution: Die Artikel müssen überall im Handel gezeigt und angeboten werden.
Dazu Einführungswerbung im 1., 2., 3. Jahr degressiv; Vertriebsapparat 1., 2., 3. Jahr progressiv.
Werbung soll zuerst Marktsegment . . . ansprechen.</td></tr>
<tr><td rowspan="2">3. PRÄMISSEN (Für die Erreichung der Ziele wesentliche Voraussetzungen, auf die der Geschäftsbereich keinen direkten Einfluß hat)</td><td colspan="2">a) in bezug auf Zielsetzung und Strategie</td><td colspan="2">b) in bezug auf die 5-Jahresziele (Umsatz und Ergebnis)</td></tr>
<tr><td colspan="2">Die starke Konkurrenz A dehnt ihr Programm auf diesen Artikeltyp nicht aus.
Artikelprogramm E wird nicht tangiert.</td><td colspan="2">Die Artikelnamen kommen so an, wie es die Akzeptanz-Teste und Testmarktergebnisse erwarten lassen.</td></tr>
<tr><td rowspan="2">4. Um die Ziele zu erreichen, sind folgende Maßnahmen in Angriff zu nehmen</td><td>Vertrieb</td><td>Produktion</td><td>Einkauf</td><td>Finanzierung</td></tr>
<tr><td>Suche und Training neuer Außendienstmitarbeiter.
Engagement eines Verkaufsleiters, der sich im Vertriebsweg F auskennt</td><td>Anschaffung Verpackungsmaschine hk
Umorganisation Fabrikgebäude C</td><td>Kooperation mit Firma W wegen Drucken des Verpackungsmaterials</td><td>Erhöhung Gesellschafterdarlehen</td></tr>
</table>

Abb. 25: Schema für strategische Planung; die Prämisse b) ist kritisch: Gefahr der Verwechslung der Voraussetzung mit dem Gegenstand der Planung

nehmensplanung ist ein »lernendes System«. Aber sie ist es nur, wenn man ein Dazulernen nicht zum Anlaß nimmt, die Vergangenheit zu tadeln.

Eine besondere Schwierigkeit beim Ausfüllen eines solchen strategischen Planungsformulars stellt der Abschnitt mit den Prämissen dar. Man kommt immer wieder in Versuchung, in den Textblock 3 einen Satz reinzuschreiben wie etwa: »Vorausgesetzt, daß die Sache einschlägt.« Das geht natürlich nicht. Auch konjunkturelle Unterstellungen sollten nicht zu den Prämissen gehören. Jedoch wäre für Zielsetzungen auf Exportmärkten sicher ein Prämisse, daß eine Währung nicht auf- oder abgewertet wird; keine Importkontingente verhängt werden oder eine Regierung nicht gestürzt wird. Prämissen wären ferner internationale Entwicklungen im Rahmen von EU und USA sowie strukturelle Maßnahmen etwa im Bereich der Energiepolitik oder des Umweltschutzes. Prämissen sollten jedenfalls s t r u k t u r e l l e r und nicht konjunktureller Natur sein. Die Formulierung des Beispiels unter Ziffer 3b) steht an der Grenze dessen, was als Prämisse zulässig ist. Schließlich geht es bei strategischer Planung auch darum, die Namen neuer Erzeugnisse durch entsprechende Aktionen des Verkaufs und der Werbung auf dem Markt durchzusetzen.

Ein anderer Grenzfall, der aber als Prämisse zu akzeptieren ist, wäre das Beispiel eines Zulieferers zur Automobilindustrie. Angenommen, die Firma stellt Fahrzeugsitze her und erkundigt sich bei ihrem wichtigen Kunden, ob im nächsten Jahr damit zu rechnen sei, daß der geplante neue Modelltyp ABC herauskommen wird. Antwort: »Das wissen wir noch nicht, aber Sie müssen sich auf jeden Fall bereithalten.« Hier wäre die Prämisse zu setzen, ob dieses neue Modell kommt oder nicht; denn je nachdem ergibt sich auch in der Umsatz-, Kosten-, Gewinn-, Investitions- und Finanzplanung sowie in der Personalplanung ein ganz anderes Bild; vor allem wenn es sich gegebenenfalls um große Stückzahlen handelt. Hier wäre eine *Alternativplanung* durchzuführen, die auf der jeweiligen alternativen Prämisse aufbaut. Die Alternative muß aber ausdrücklich geplant sein und darf nicht stillschweigend als Reserve in der Schublade des Verkaufs-Chefs liegen.

Ein solcher Prämisse-Sachverhalt gehört auch schon deshalb in den Bereich der strategischen Planung, weil sich hier die Frage aufdrängt, ob es wirklich das Leitbild der Unternehmung darstellen soll, nur Zulieferer und auf alle diese Schnellschüsse mit der Folge hoher Kosten eingerichtet zu sein; andererseits aber bei den Preisen ständig unter Druck zu stehen.

Oder ob man die Unternehmenskonzeption besser so sieht, daß das Zuliefergeschäft eine Sparte neben anderen bildet, in denen die Unternehmung auf dem Markt eine selbständige Strategie entfalten kann.

Die Prämissen haben jedenfalls bei der strategischen Planung deshalb eine so große Bedeutung, weil sie die *»Bodenbeschaffenheit«* für das Planungsgebäude zum Ausdruck bringen. Stellt sich eine der Planvoraussetzungen als unzutreffend heraus oder bricht sie zusammen, so muß das Budget *revidiert* werden.

Die strategische Unternehmensplanung ist überwiegend problemorientiert und weniger zeitraumbezogen. Sie muß aber – wenn man in Perioden denkt – langfristig (5 bis 10 Jahre) konzipiert sein. Strategien sind keine Angelegenheit von heute auf morgen. Es handelt sich um längerfristige Vorstellungen. Taktik wäre hingegen das kurzfristige Herumflicken an den entweder wegen entzogener Prämissen zusammengestürzten oder nicht konsequent genug geplanten Strategien; wobei der alte militärische Grundsatz, daß Fehler im (strategischen) Aufmarsch durch noch so gute Taktik nicht mehr korrigiert werden können, sinngemäß auch für die Wirtschaft gilt.

Außerdem zeigt die zwangsläufig längerfristig aufzustellende strategische Planung, daß *lang- und kurzfristige Planung keine Gegensätze* darstellen. Manchmal erinnern Gespräche in der Praxis daran, als sei die langfristige Planung so eine Art Sonntagsplanung – eine Formulierung der guten Vorsätze –, während die kurzfristige Planung dagegen die »Praxis« repräsentiere. Durch solche Thesen bleibt es beim »Management by Happening«; denn eine kurzfristige Planung kann nur dann

Hand und Fuß haben, wenn sie von einer langfristigen strategischen Unternehmensplanung umhüllt ist.

Diesen Sachverhalt kann man auch durch den Vergleich mit der Planung einer Reise illustrieren. Die Zielsetzung wäre der Ort, zu dem die Reise gehen soll. Die Strategie beträfe das Verkehrsmittel. Sodann wäre ein Budget in Zeit und Reisekosten zu machen (operative Planung). Entscheidet man sich für die Strategie, mit dem Auto zu fahren, und stellt sich dann bei der Steuerung auf den Straßen heraus, daß der Verkehr dichter und das Wetter schlechter ist als angenommen (dispositive Planung), so besteht meist auch keine Möglichkeit mehr, die gewählte Strategie zu verlassen und statt des Autos ein Flugzeug zu nehmen.

Operative Unternehmensplanung

Während die strategische Planung in Worten formuliert ist, besteht die operative Planung aus der *Planungsrechnung*. Die strategische Planung wird in Zahlen umgesetzt. Im Beispiel der Plastikfabrik Lamina AG handelt es sich um eine operative Planung für ein Jahr und konzentriert auf den »inneren Planungskreis«, der die Planung von Umsatz, Kosten und Gewinn umfaßt. Zwar wurden auch bei der Lamina strategische Fragen erörtert (Handelsgeschäft bei Artikel 1; Markt- und Produktkonzeption bei Artikel 3) oder stillschweigend unterstellt; aber diese Überlegungen wurden nicht im Sinne einer strategischen Planung ausdrücklich schriftlich formuliert. Folglich kann es passieren, daß sich bei der nächsten Budgetsitzung niemand mehr an das seinerzeit Verabredete erinnert (oder erinnern will) oder unvermutet ganz neue strategische Ansichten dominieren, so daß für die Firma längerfristig leicht ein Zick-Zack-Kurs entsteht.

Operative und strategische Planung enthalten einen Rückkopplungsprozeß. Einerseits gibt die strategische Planung für die operative Planung die Zielsetzung sowie die Wege zum Ziel vor. Ob die operative Planung mit dem OK der Geschäftsleitung verabschiedet werden kann, ergibt sich aus der strategischen Planung. Andererseits muß durch die operative Planungsrechnung in den einzelnen Bereichen sichergestellt werden, daß die strategische Planung überhaupt realisierbar ist und nicht bloß einen Wunschtraum bildet. Ein wesentlicher Baustein im Gebäude der operativen Planung ist zum Beispiel der Finanzplan. Gerade von diesem Engpaßplan her kann sich sehr schnell herausstellen, daß ein gewünschtes Ziel nicht oder nicht so schnell verwirklicht werden kann. Die operative Planung führt deshalb eventuell zu einer Revision der strategischen Planung. Die Ziele müssen zurückgesteckt oder auf Umwegen (mit neuen Strategien) verfolgt werden.

Das System der operativen Planung besteht in seinem Kern aus einer Plan-Artikelerfolgsrechnung, wie sie – wenn auch sehr vereinfacht – im Fall sowohl der Lamina AG als auch des Getränkestandes gezeigt worden ist. Da es bis heute keine einheitliche Auffassung über den am besten geeigneten Rahmen für die operative Planung gibt (manche Kollegen sehen ein solches Planungssystem auch auf den Konten der Buchhaltung), empfiehlt sich als organisatorischer Leitsatz, daß *ein Management-Informations-System stets gleichzeitig auch ein Management-Planungs-System* sein sollte. Erst dadurch ergibt sich die Möglichkeit zum systematischen Soll-Ist-Vergleich und einem integrierten Controlling.

Jede Planzahl braucht parallel ihre Ist-Zahl – und umgekehrt. Was bei der Kostenplanung gilt, wo jeder Budget-Ansatz nach Kostenart und Kostenstelle gleichzeitig eine Kontierungsanweisung für die Istkosten bildet, weil nur so der Kosten-Soll-Ist-Vergleich vernünftig funktioniert; kann generell für den Aufbau eines operativen Planungssystems gefordert werden. Demnach wäre jede Computerliste innerhalb eines Management-Informations-Systems gleichzeitig der Rahmen für eine Planung – oder die Liste ist für das Management nicht wirklich wichtig.

Wenn also der Kern der operativen Unternehmensplanung aus einer Plan-Artikelerfolgsrechnung gemäß der Beispiele auf den Seiten 65 und 107 besteht, so ist das so zu sehen, daß jede Zahleninformation innerhalb eines solchen Schemas als Planzahl,

Istzahl, Abweichung und kumulierte Abweichung erscheinen kann. Der Rahmen wäre stets derselbe. Nur das laufende Nebeneinander von Plan- und Ist-Informationen ermöglicht auch die Verwirklichung der These, daß die Planung ein lernendes System sei. Lernen muß nämlich sowohl das Ist an Hand des Plans – der Manager muß in der Lage sein, immer besser sein Programm gemäß Plankurs zu steuern – als auch der Plan an Hand des Ist, wenn er realistisch sein soll.

Der Kern der operativen Planung wäre sodann in zwei Richtungen auszubauen:

1. Von der Jahresplanung zu einer *Mehrjahresplanung;*
2. Vom inneren Netz der Planung von Umsatz, Kosten und Gewinn zum *»äußeren Netz«* der Integration von Marktplan, Produktionsplan, Beschaffungsplan, Lagerplan, Forschungsplan, Personalplan, Finanz- und Gewinnplan.

Die beiden Ausbaurichtungen sind im Sinne von Sowohl-als-auch gemeint; also wie zwei Dimensionen zu verstehen.

Geht man in der Dimension der Mehrjahresplanung vor, so wird deutlich, daß die operative Planung als eine Planungsrech-

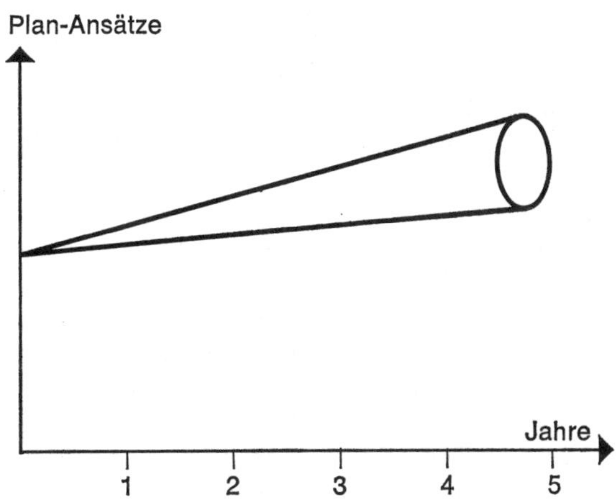

Abb. 26: Planungs-»Trompete«

nung unbedingt der strategischen Planung bedarf. Andernfalls würde es sich um reine Extrapolationen von Zahlenreihen handeln, die allenfalls Prognosecharakter hätten. Indessen gilt auch im Falle der Verzahnung von strategischer und operativer Planung das Bild der »Planungs-Trompete« (*Häusler*). Je weiter die Planungen reichen, desto größer müssen die Toleranzen um die Planzahlen herum gezogen werden. Je näher hingegen das betreffende Jahr rückt, desto konkreter wird die Planung; bis sie beim unmittelbar bevorstehenden Jahr den Charakter des zur Ausführung beschlossenen Fahrplans annimmt. Dieses sogenannte *»Operating budget«* kann sich je nach Branche auch auf ein Halbjahr oder auf einen Zwei-Jahres-Zusammenhang beziehen; *es berücksichtigt die neuesten Prognose-Ergebnisse.*

Baut man die operative Planung vom Kern der Planung von Umsatz, Kosten und Gewinn her *ins äußere Netz* aus, so tritt hinter die Planung der Werte wie Erlöse, Deckungsbeiträge und Kosten auch die Planung des Mengengerüstes wie Materialmengen, Stunden von Maschinen und Mitarbeitern sowie die Terminplanung. Dazu ist erforderlich, daß der Absatzplan nicht einfach in DM-Größen errichtet ist, sondern nach den Stückzahlen der zu verkaufenden Erzeugnisse aufgebaut wird. Aus Artikel und Stückzahl ergibt sich in der Planung des »äußeren Netzes« der Materialbedarf für den Einkauf sowie der Stundenbedarf für die Produktion. Voraussetzung dafür ist, daß die Rezepturen bzw. Stücklisten der Erzeugnisse klar definiert sowie die Arbeitspläne und Belegungszeiten der Artikel auf den Kostenstellen der Produktion in Ordnung sind. Über die Planung des Kosteneinsatzes der Kostenstellen bezogen auf deren Leistungsmaßstäbe (Bezugsgrößen) ergibt sich neben dem Bedarf an Aggregatstunden zur Erfüllung des Absatzplans auch der Bedarf an Mitarbeiterstunden sowohl der Menge als auch der Qualität nach – ferner natürlich der Bedarf an Gemeinkostenmaterial wie Werkzeuge, Hilfsstoffe und Reparaturmaterialien sowie der Bedarf an Energie. Reichen Zahl und Qualifikation der Mitarbeiterstunden nicht aus, um die Planung zu erfüllen, so leitet sich daraus der Personalsuch- sowie der Mitarbeiterförderungsplan ab. Ferner ergeben sich Anforderungen an den Personalplan aus der Erfüllung des Absatz- und Auftragseingangsplans heraus und aus den in der Verwaltung benötigten Funktionen. Zwischen Absatz- und Produktionsplan sowie zwischen Produktions- und Beschaffungsplan puffern die Planungen der Rohstoff-, Halbfabrikate- und Fertigfabrikate-Läger. Alle diese Planungen finden ihr Spiegelbild im Finanzplan – vor allem auch die Finanzierung von Investitionen, von Einführungswerbung und neuen Forschungsprojekten. Ferner ergibt sich der Gewinnplan, der nicht nur Resulat-, sondern auch Zielfunktion ausübt und ursprünglich einmal das »innere Netz« des gesamten operativen Planungsgebäudes gebildet hat.

Die Schwierigkeit der Unternehmensplanung liegt vor allem darin, daß es sich bei den geschilderten Zusammenhängen *nicht um ein Hintereinander handelt, sondern um simultane Prozesse.* Beim Aufbau der operativen Planung spielen sich ständig Rückkopplungsvorgänge ab, weil ein Plan zu seiner Realisierung darauf angewiesen ist, daß der Folgeplan auch über die Runden kommt.

Man sagt, eine Kette sei nur so stark wie das schwächste Glied. Das gilt auch für die operative integrierte Unternehmensplanung im Bild des »äußeren Netzes«. Das gesamte Planungsgebäude kann nicht stärker sein als der schwächste Teilplan. Deshalb wäre die Planung zunächst einmal von einem solchen *Engpaßplan* her aufzuziehen.

Besser aber ist es, sich die Vorgehensweise bei der Unternehmensplanung so vorzustellen, daß *der Einstieg in das gesamte Planungsgebäude vom Marktplan her erfolgt.* Normalerweise liegt hier auch schon der Engpaß. Falls ein anderer Teilplan noch stärker limitiert als der Markt, so wäre mit diesem Teilplan beim Aufbau des Budgetsystems schneller und häufiger rückzukoppeln. Die Teilpläne, die mit ihrem Engpaßcharakter über den Marktplan triumphieren könnten, sind in der Regel der Finanzplan oder der Personalplan oder beide. Stellen sich also im Absatzprogramm oder bei der Abstimmung zwischen Produktions- und Absatzplan über Investitionen und Läger zusätzliche Anforderungen an Mitarbeiter und Finanzen als unvermeidlich heraus, so wären Personal- und Finanzplan sofort zu konsultieren. Halten die Folgepläne nicht stand, muß die auslösende Planung korrigiert werden.

Ist das Gebäude der operativen Planung aufgestellt und erfüllt es die Zielsetzungskennzahlen (vgl. Seite 18), so nimmt es den Charakter des F a h r p l a n s für das kommende Jahr an bzw. hat die Funktion des Verkündens der Fahrtrichtung in der Mehrjahresplanung. Allerdings wird nur das Jahresbudget so tief in die technischen Mengengerüste oder die Geldbewegungsplanung eindringen, wie es jetzt angedeutet worden ist. Die Planung des 3., 4. und 5. Jahres kann im Sinne des Bildes der Trompete eher pauschal skizziert sein; d. h. die 5-Jahres-Planung beschränkt sich, je weiter sie zeitlich hinausreicht, wieder stärker auf das »innere Netz« der operativen Planung (Umsatz, Kosten und Gewinn). Perspektivbudget »skeleton budget« vgl. Abb. 27.

Was bei der operativen Planung dominiert, ist das Budget-System oder die Planungsrechnung. Mit dem Budget muß aber innerhalb der operativen Planung auch wieder ausdrücklich eine *Maßnahmeplanung* erstellt werden, die einzelne Aktionen (Operationen) zum Vollzug des »Operating budget« enthält wie z. B. Werbeaktionen, Verkaufskampagnen, Vertretereinsatzpläne, Personalsuchmaßnahmen, Finanzverhandlungen.

Dispositive Unternehmensplanung

Die dispositive Planung entspricht dem *Vorgang der Steuerung*. Wieder kann die Analogie zu einer Reise zu Rate gezogen werden. In der strategischen Planung werden das Reiseziel und die Art des Verkehrsmittels festgelegt. Angenommen, die Entscheidung fällt zugunsten des Autos. Die operative Planung bestimmt die Fahrtroute im einzelnen sowie die nötige Zeit und die erforderlichen Kosten. Während der Reise muß der Fahrer steuern – er muß schneller fahren, wenn er hinter der Terminplanung zurückzubleiben beginnt; er muß bremsen, wenn von der Seite ein

Sachverhalt	1. Jahr			2. Jahr			3. Jahr			4. Jahr			5. Jahr		
	Jetziges	Neues	Summe	Jetziges	Neues	Summe	Jetziges	Neues	Summe	Jetziges	Neues	Summe	Jetziges	Neues	Summe
Marktvolumen															
Marktanteil															
Absatzmengen															
Verkaufspreise / Einheit															
./. Produktkosten / Einheit															
Deckungsbeitrag / Einheit															
Summe Deckungsbeiträge															
./. Strukturkosten (ohne Abschreibungen)															
Ergebnis / Cash Flow															
./. Veränderung Mittelbindung															
Umlaufvermögen															
Anlagevermögen															
"Netto-Cash-Flow" (vor Ertragsteuern)															

(wenn hier gutes Plus, dann Cash-Cow - geese that lay golden eggs)

Abb. 27: Mehrjahresplan

FIRMA	VERKAUFSBERICHT	1

1. Bestelleingang (in Tausend)

Sparten	Berichts-monat	Berichts-jahr auf-summiert	Jahres-Budget	Budget-abwei-chung gesamt	davon Zeitliche Verschiebg.	davon Budget-Differenzen
A						
B						
C						
D						
E						

2. Fakturenausgang (in Tausend)

Sparten	Berichts-monat	Berichtsjahr aufsummiert		Budget-abwei-chung gesamt	davon	
		effektiv	Budget		Zeitliche Verschiebg.	Budget-Differenzen
A						
B						
C						
D						
E						

3. Auftragsbestand (in Tausend)

Sparten	Ende Berichts-monat	Ende Vor-monat	Budget-abwei-chung gesamt	davon Zeitliche Verschiebg.	davon Budget-Differenzen
A					
B					
C					
D					
E					

Abb. 28: Verkaufsbericht

anderes Fahrzeug unvermutet einbiegt; er muß überholen und einen solchen Überholvorgang dispositiv planen; er muß vielleicht plötzlich eine Umleitung fahren und auch hier die operative Planung des Reiseverlaufs mit einer dispositiven Planung ergänzen.

Die *dispositive Planung oder Steuerung enthält die Korrekturzündungen, um die einzelnen Bereiche auf Plankurs zu halten.* Aus der dispositiven Planung heraus kann sich auch ergeben, daß der ursprünglich aufgestellte Fahrplan nicht mehr erfüllt werden kann oder übererfüllt werden wird. Das Instrumentenbrett der dispositiven Planung bilden die Soll-Ist-Vergleiche – also die Gegenüberstellung der Ist-Ereignisse mit dem in der operativen Planung vorgegebenen Soll.

So erfolgt in der operativen Planung eine Abstimmung des Absatzplans mit der in der Produktion zur Verfügung stehenden Kapazität an Stunden, um zu prüfen, ob Bedarf und Deckung in Übereinstimmung sind bzw. durch Investitionen und Suche nach neuen Mitarbeitern erst noch aufeinander abgestimmt werden müssen. Zur dispositiven Planung gehört die Fertigungssteuerung, die von Terminwoche zu Terminwoche das laufende Verkaufsprogramm zum Produktionsprogramm umformt unter Zuhilfenahme der Läger als Pufferungsstationen. Zur dispositiven Planung gehört ferner die laufende wöchentliche oder monatliche Liquiditätsdisposition entlang der in der operativen Finanzplanung vorgezeichneten Linie. Zur dispositiven Planung zählt auch das Disponieren oder Steuern etwa eines Bauprojekts entlang dem im Netzplan vorgegebenen Plankurs, ausgelöst durch den Soll-Ist-Vergleich an den einzelnen Netzplan-Checkpoints.

Es ist aber *keinesfalls so, daß die dispositive Planung eine Änderung der operativen Planung mit sich bringt.* Die operative Planung wird nur geändert, wenn eine der in der strategischen Planung ausdrücklich formulierten Prämissen nicht mehr zutrifft. Oft fällt ein solcher Sachverhalt dann ohnedies im Planungsverlauf mit der Aufstellung einer neuen operativen Planung für das kommende Jahr zusammen.

Wie weit sich die dispositive Planung von der operativen Pla-

nung entfernen kann, zeigte die Slow-Go-Verhaltensweise des Flugsicherungspersonals etwa im 1. Halbjahr 1971. Damals zog sich der »Bummelstreik« über fast zwei Monate hin. Es gab bei jedem Flug – vor allem bei den Inlandsflügen – erhebliche Verspätungen. Die dispositive Planung der Fluggesellschaften sowie der Fluggäste bewegte sich in ganz erheblichen Abweichungen vom operativen Flugplan. Diese ganze dispositive Planung war darauf abgestellt, »um den Flugplan herum« im Bereich der Abweichungen und auf Umwegen doch noch zum Ziel zu kommen – wenn auch mit erheblichen Verspätungen. Deshalb wurde aber trotzdem nicht der Flugplan geändert.

Genausowenig sollte der operative Absatz- und Umsatzplan geändert werden, falls sich herausstellen sollte, daß sich das Marktklima während eines Budgetjahres so abkühlt, daß der ursprüngliche Fahrplan nicht mehr erfüllt werden kann. Es käme auch hier ganz analog zum Ausweis von nicht mehr aufholbaren Verspätungen. Dagegen muß sich aber natürlich in der dispositiven Planung die Fertigungssteuerung an die effektiv hereinkommenden Aufträge anpassen. Im Extremfall kann die dispositive Planung bis zu Zwangsurlaub und Kurzarbeit gehen. Demgemäß wären auch die laufenden Leistungs- und Kosten-Standards – sogenannte »current work standards« – des Betriebs zu korrigieren, was durch das flexible Leistungs- und Kostenbudget erfolgt (vgl. Controller-Praxis Band II, 9. Kap.).

Instrumente für die dispositive Planung im Verkaufs- und Produktionsbereich sowie im Finanzbereich sind etwa die beiden Formular-Beispiele für *einen Verkaufs- und einen Finanzbericht* in Abbildung 28 und 35. Was dazu muß, ist die Vorschau oder Erwartungsrechnung mit Ankündigung des voraussichtlichen Ist – vgl. Abb. 2b Band II.

Die begriffliche Struktur des Planungs-Gebäudes

Die Einteilung des Systems der Unternehmensplanung in die Abschnitte *strategische, operative* und *dispositive* Planung gehört im Merkmals-Vektoren-Planungs-Würfel der Abbildung 29 auf die senkrechte Achse. Sie gliedert den Planungs-Stoff. Und da Planung soviel bedeutet wie die Entscheidungsfindung, ist der Planungsstoff zugleich der Entscheidungsstoff.

Die strategische Planung umfaßt, wie ausgeführt, die Was-tut/oder Was-läßt-man-Planung. Manche Unternehmungen nennen die strategische Planung auch Unternehmensentwicklung. Oder man spricht von den Potentialen. Potentiale sind Problemlösungspotentiale bei der Kundschaft. Es geht um die Klärung der Frage, ob man sich eine Aufgabe gestellt hat, *die auf dem Markt gefragt ist und die man beherrscht.* Problemlösungskompetenz heißt: Der Kunde will es haben; und wir können es so gut oder eher noch besser als Mitbewerber. Potentiale und das, was man tut, hängen miteinander zusammen. Was man tut, muß man eben auch beherrschen. Das heißt, man muß Know-how besitzen und Know-who.

Statt strategische Planung, was immer auch etwas militärisch klingt, könnte man auch sagen »Quo-vadis-Planung«. Dieses Wort würde besonders gut passen zum WEG-Modell in der Abbildung 1 auf Seite 12 dieses Bandes.

Die operative Planung ist die Wie-realisiert-man-es-Planung. Dazu gehören die Maßnahmen der Realisierung – auch wer es durchführt – (zugleich ein Führungsthema). Und zur operativen Planung gehört, wie dargestellt, das Budget-System, die Planungsrechnung: Was bringt es an Umsatz, welche Kosten sind nötig, und wie ist das Maßnahmepaket zu finanzieren? Wobei Maßnahmeplanung und Budget als Bauteile der operativen Planung so ein bißchen wie weißer Schimmel sind; denn das Wort »Maß-Nahme« sagt es schon, daß es in Maßen – also budgetiert – geschehen soll.

Die dispositive Planung ist dann die Wie-reagiert-man-Planung auf Abweichungen. Alles das, was die operative Planung nur in groben Maschen stricken kann, muß die dispositive Planung steuern dann, wenn es passiert. Hierzu gehört die Kunst des Improvisierens – dies zu können, setzt voraus, daß man wenn ... dann .. geplant hat.

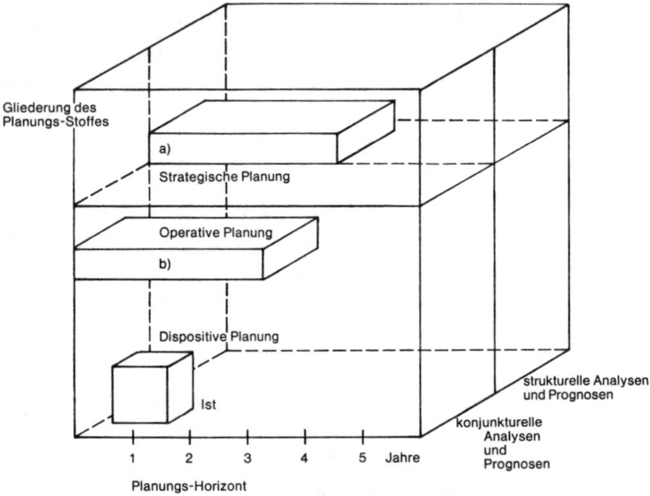

Abb. 29: Das Ordnungsmodell des Planungswürfels

Die waagrechte Achse in der Abbildung 29 drückt den Planungshorizont aus. Da gehört hin kurz-, mittel- und langfristige Planung. Wobei sich aus dem im Vordergrund des Planungswürfels entstehenden Fenster ergibt, daß die strategische Planung auch kurzfristig gilt; und daß auch ein längerfristiger operativer Fahrplan bestehen soll. Hervorzuheben wäre vor allem, daß eine Planung nicht dadurch strategisch wird, daß man es langfristig macht. Oft wird statt »strategische« Planung auch »langfristig« gesagt. Aber da muß man dahinter hören, was der Gesprächspartner sagt und was er begrifflich damit meint. In einer Automobilfabrik beispielsweise wäre Modellpolitik – also welche Art von Auto zu welcher Art von Bedarf von Kundschaft paßt – strategische Planung. Eine Lernkurve in den Kosten während der Modell-Laufzeit über 8 Jahre ist in der Realisierungsplanung langfristig operativ. Dahinter steckt dann wieder die strategische Frage, ob man's potentialmäßig beherrscht.

Informationshintergrund der Planung sind die Analysen und Prognosen. Dabei wieder sind auseinanderzuhalten konjunkturell/quantitative, und strukturell/qualitative Sachverhalte, die der strategischen Planung zugrundeliegen. Abbildung 29a gibt an, wie das gemeint ist.

Analyse-Typ / Analyse-Quelle	(qualitative) strukturelle Analysen und Prognosen	(quantitative) konjunkturelle Analysen und Prognosen
interne Unter-suchung: Unter-nehmens-analyse	eigene Stärken und Schwächen bei Produkten und Märkten Ansatzpunkte zum Ausbau im Erfolgs-potential Standortfaktoren Kooperationsfähigkeit Eigentümerverhältnisse (z. B. auch Gruppen-zugehörigkeit) Innovationskraft	Bisherige Absatzver-läufe nach Artikeln, Vertriebswegen und Kundengruppen Lernkurven-Chancen als Folge größerer Stückzahlen Persönliche Jahres-Rhythmen (z. B. Ferienverteilung)
externe Beobach-tung: Umwelt-Analyse	Stärken und Schwächen der Mitbewerber technologische Trends Arten des Bedarfs (Ziel-gruppen im Markt) Modische Trends (Verhaltensmuster: z. B. Jeans-Welle) Versorgungs-Strukturen Rohstoffe Umweltfaktoren beherrschende äußere Engpässe (Energie)	Höhe des Bedarfs (Käuferzurückhaltung) Materialteuerung Lohnteuerung Saisonale Trends Wetterprognosen Bevölkerungswachstum: Zahl der Köpfe

Abb. 29a: Analyse – Inventar

Jedes Planungsthema ließe sich im Planungswürfel – in der Planungskommode – als ein Baustein – oder auch als eine Schublade – visualisieren. Jede solche Schublade ist definiert nach Höhe (*Art der Entscheidung*), nach Breite (*Dauer der Bindung*) und nach Tiefe (*Entscheidungsbegründung durch Annahmen, Analysen, Prognosen, Szenarien*). Dabei müßte an sich eine strategische Schublade rechts offen sein, weil die strategische Planung zeitlich nicht terminiert ist. Um so wichtiger ist es halt, daß sie praktisch zu im Terminkalender vereinbarten Check-Points überarbeitet wird. Die operative Planung hingegen ist immer eingerahmt durch eine Fahrplan-Periode – entweder als Jahreswirtschaftsplan oder eben z. B. in der Gestalt der 5-Jahres-Mittelfrist-Planung.

Um das zu veranschaulichen, könnte man ein Gleichnis aus dem Alltag verwenden: »Bei schlechtem Wetter findet die Feier im Saale statt.« Wie läßt sich dieser Sachverhalt in den Planungswürfel bringen. Also: »Bei schlechtem Wetter« – das ist Gegenstand von Analyse und Prognose. Wird im Saale oder im Garten »durchgeführt«, gehört in die operative Planung. Da die Annahme nicht ganz sicher ist, müßte man eine operative Alternativ-Planung aufstellen. Schließlich muß man ja, wenn man dann am Tag der Feier weiß, wie das Wetter wirklich ist, schnell schalten können. Und dann darf der Saal nicht schon besetzt sein durch eine andere Veranstaltung. Im Saale oder im Garten ist Maßnahmenplan. Wieviel budgetiert ist je Gast als Verzehr bei der Feier, wäre Planungsrechnung: Also das Prokopf-Budget für die »hardware« auf dem Teller und die »software« im Glas. Und natürlich was das Drumrum noch kostet.

Übrigens, *je mehr man die operative Planung gestaltet nach dem Prinzip »Was geschieht, wenn oder wenn nicht ...«, desto besser läßt sich dispositiv improvisieren. Deshalb sind Planung und Improvisation keine Gegensätze. Derjenige kann gekonnt improvisieren, der es auch versteht zu planen.*

Und was ist der strategische Teil der Feier? Hier müßte die Frage her: »Welchem Know-who-Zuwachs die Feier dienen soll?« Ist es eine Zusammenkunft unter beruflichen Kollegen, ist es ein Meeting mit Leuten aus der Nachbarschaft? Das *Know-who-Potential* soll

Unternehmen	SPARTE/REGION/ PRODUKT	Visum	Fassung vom ______	STRATEGISCHE PLANUNG
				Speziell Ausland:
1. LEITBILD Aufgabenbeschreibung	Vom sportlichen Pionier & Partner zum Freizeitanbieter – im Winter Familien-Unternehmen			internationale Vertriebs-Gesellschaft, Nationale Prod.
2. ZIELSETZUNG 5-Jahreszielsetzungen mit Jahreszwischen-zielen	_____ ROI/DB II-Verbesserung _____ % Marktanteil bei Eigenkapitalquote von ____ %			
3. STRATEGIEN Wege, auf denen die Ziele zu erreichen sind	Langlauf-Ski ins Sortiment, selber herstellen; Matrix-Arbeit im Vertrieb			
4. PRÄMISSEN Strukturelle Plan-Voraussetzungen als Verhaltensprämissen bei anderen	Mitbewerber X macht es ☐ auch* ☐ nicht			*) gewollt für die eigene Strategie, da Erschließen einer neuen Art von Bedarf.
5. MASSNAHMEN In Ausübung der fest-gelegten Strategie erforderlich werdende Maßnahmen	eigene Fertigungsabteilung schaffen (also investieren) Produkt-Management für Langlauf + Alpin einrichten			

Abb. 30: Strategisches Formular

sie stärken. Und dabei sieht man auch sofort, daß die strategische Planung erheblich abstrakter oder »theoretischer« ist als die operative Planung. Deshalb spricht man im strategischen Bereich oft auch von den *schwachen Signalen* (den soft signals); während die operative Planung – wie vor allem die Finanz-Planung – die harten Signale gibt.

Strategische Planung im Formular

Die Abbildung 30 bringt ein weiteres ausgefülltes Beispiel zur strategischen Planung. Das Formular gleicht im Prinzip jenem der Abbildung 25 – ist aber dasjenige, das sich seit der 5. Auflage dieses Buches zu einer Art »Klassiker« entwickelt hat. Das eingetragene Beispiel schildert eine strategische Planung aus der Ski-Industrie, wie sie etwa 73/74 aktuell und gültig gewesen sein könnte.

Im »Fach« Strategien des Formulars der Abbildung 30 sind 3 Strategien genannt: Eine Zielgruppen- und Produktstrategie »Langlaufski ins Sortiment«; eine Herstell-Strategie (Eigenfertigung und nicht als Handelsware herstellen lassen) und eine organisatorische Strategie (Produkt-Manager, zusammen mit regionalem Verkaufs-Management, ergeben eine Matrix-Organisation).

Das »Fach« Prämissen macht deutlich, daß es sich hier nicht darum handelt, die Annahmen aus der 3. Dimension des Planungswürfels hier zu protokollieren, sondern die Prämissen sollen Verhaltensprämissen bei anderen darstellen. Diese »anderen« können sein Mitbewerber (wie im Beispiel), Obergesellschaft für Töchter oder Sparten oder gesetzgebende Körperschaften.

Die Maßnahmen auf dem strategischen Formular sind zu verstehen als erforderliche Maßnahmen, wenn ... Noch ist es nicht operativ, weil z. B. vor allem das fehlt, was dann die Abbildung 30b bringt: nämlich die Termine.

Begleitend zum strategischen Formular könnte hilfreich sein als Meinungsbildungspapier die Quo-vadis-Matrix der Abbildung 30a. Hier sind gelistet die Produkte zu den

Spalten und in den Zeilen die Märkte. Dabei wären auseinanderzuhalten Endverbraucher und Vertriebswege. Das Primäre in den Märkten sind die Zielgruppen der Endverbraucher/Anwender. Von daher ergibt sich die Frage, welcher »Dorfbrunnen« als Vertriebsweg für sie zur Eindeckung in Frage kommt. Aber es mag oft auch sinnvoll sein, die Quo-vadis-Matrix so zu verwenden, daß man im linken unteren Feld nach neuen Vertriebswegen sucht oder auch neuen regionalen Märkten.

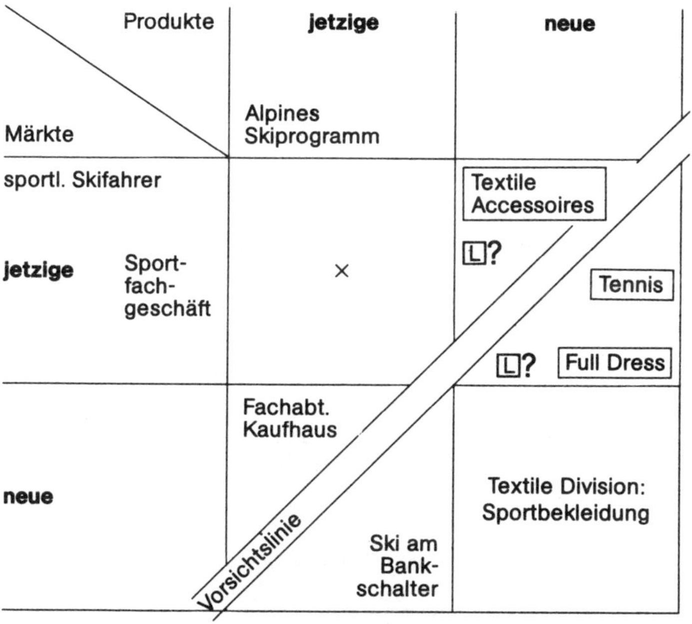

Abb. 30a: Skalieren im Feld der strategischen Matrix

In diesem Papier kommt jetzt eine Technik zum Ausdruck, die für die Bewältigung der strategischen Planung nötig ist, nämlich das Skalieren oder Positionieren. Während es die operative Planung mit dem Messen zu tun hat, geht es in der strategischen

Planung um eine Meinungsbildung auf einer Bandbreite. Hier *wird es komischerweise genauer, wenn man's unschärfer formuliert.* Aber man braucht in der strategischen Planung eine zusätzliche Perspektive in der Zusammenarbeit im Team: Nämlich Methode und Stil des gemeinschaftlichen sich Heranmeinens.

Eine der Techniken dafür ist das Brainwriting. Das heißt, die Teilnehmer schreiben das, was sie als Ideen haben, auf Karten. Dann kann das jeder tun, ohne durch die Ideen und Meinungen des anderen beeinflußt oder beeinträchtigt zu sein. Als Controller hätte man das Schema der Abb. 30a an eine Pinwand zu bringen und dann ginge es darum, die Ideen auszustellen. Hängt man einen Vorschlag näher an das Feld bestehende Produkte/bestehende Märkte, so ist der *Synergie-Effekt* – das zum Bisherigen passend sein – größer. Hängt man es weiter weg, ist ein längerer Lernprozeß erforderlich.

Deshalb ist auch die *Vorsichtslinie* eingebaut. Verläßt man sie von links nach rechts im Uhrzeigersinn, so ist man zunehmend außerhalb des Bereichs von Know-how. Gegenläufig zum Uhrzeigersinn verläßt man den Bereich des Know-who. Ideen im rechten unteren Feld brauchen am längsten Zeit, bis sie stehen, und kosten im Zweifel auch das meiste Lehrgeld. Dort ist ja dann der budgetmäßige Sinn eines solchen Skalierungs-Schemas.

Hätte man nämlich, so lautet die große Frage, merken können durch gutes Heranmeinen im Team und durch ein sich nicht selber Täuschen, daß man mit einem neuen Produkt- oder Marktkonzept sich zu weit von dem Trampelpfad entfernt, der einem schon zusteht – oder vom Markt als erwartet abgenommen wird. Würde man sich auch bei solch »schwächeren« Signalen realistisch verständigen können, so wären manche Projekte mit roten Zahlen zu vermeiden. Andererseits: Traut man sich's zu und ist man entschlossen, den neuen Weg »Quo-vadis« zu gehen, so muß man eben die Lehrgeldzone durchstehen. Und natürlich finanzieren können.

Deshalb sind ja auch strategische und operative Planung nicht völlig getrennte Kapitel, sondern bedingen sich jeweils gegenseitig. Auch läßt sich in das Formular der Abbildung 30 die Ergebnisver-

PLANUNG 1981	UNTERNEHMEN/SPARTE *Langlauf*	*FASSUNG VOM: Mai '80* VISUM:	MASSNAHMEN-/ AKTIONSPLAN

Lfd. Nr.	Bezeichnung der Maßnahme/Aktion	Zweck der Aktion	verantwortl. f. Ausführg.	Termine		Ergebnis-verbessg. TDM		Erforderl. Personal Mann/ Mon.	Erfordl. Investit. MDM
				Beginn	Ende	19___	19___		
1	*Engagieren Produkt-Manager*	*Produkttypische Betreuung in Verkauf, Produktion, Logistik*	*Pers. Chef*	*1.7.80*	*1.4.81*	} + 1,6 Mio. (Lfd. Nr. 1–3)		*3*	–
2	*Spezielle Fertigungs-abteilung einrichten*	*Know how-Zuwachs, rationelle Fertigung, Lernkurve*	*Prod. Chef*	*1.7.80*	*30.6.81*			*10*	*4 Mio.*
3	*Schulung Außen-dienst im neuen Sortiment*	*Sprachfähigkeit verbessern; Verhindern, daß Verkäufer den LL nicht annehmen*	*Ver-kaufs-Chef-mit GVL*	*1.10.80*	*31.6.81*			–	–

Abb. 30b: Operative Maßnahmenliste – »ewiges« Beispiel

besserung erst dann einsetzen, wenn die Ergebnisplanung – etwa im Rahmen des Budgets der stufenweisen Deckungsbeiträge – aufgestellt ist.

Das operative Maßnahmenpapier

Abbildung 30b zeigt einen Vorschlag für ein Maßnahmenformular. Die Aktion ist genannt; der strategische Zweck, der sich aus Abbildung 30 ergibt, erwähnt. Operativ ist vor allem der Termin. »Man wird halt bei Terminen fleißig.« Und operativ wird's durch die Klärung, wer es nun realisieren soll. Dann rutscht das Papier hinüber in die budgetmäßige Seite. Welche Ergebnisveränderung bringt die Maßnahme mit sich? Und wie ist das Projekt zu finanzieren? Also welche Bewegung in der Mittelbindung bei Anlage- und Umlaufvermögen ist ausgelöst? Wieder ergibt sich aus der Ergebnisplanung, welcher zusätzliche Deckungsbeitrag – zusammen mit den Abschreibungen welcher zusätzliche Cash-flow – durch das Projekt zu seiner Finanzierung beigesteuert wird.

Operative Mehrjahresplanung und Jahres-Auftragseingangsplan

Ausdrücklich sei noch erwähnt, daß die operative Mehrjahres-Ergebnisplanung vor den eigenen Absatzmengen erst noch ein Vorsatzstück haben muß im Sinne von Markt-Volumen und Marktanteil. Hat man nämlich für sich selber einen Absatzplan auf die kommenden Jahre aufgestellt, der Zuwachsraten hat, dann könnte das zu leicht eine Art Hockeyschlägerplan oder Stierhornplan werden. Im 5. Jahr geht es optimistisch nach oben – bloß jetzt grad geht's nicht. Und dann rückt rollend dieses Stierhorn immer ein Stück weiter. Also wäre zu fragen, ob nun das Marktvolumen auch zunimmt. Dann sollte man nicht einfach nach Produktgruppen orientiert planen, sondern vom Produkt auf das Therapiegebiet umsteigen.

Also könnte z. B. ein operativer Mehrjahresplan aufgestellt sein in den Produktegruppen Tafelschokoladen und Pralinen. Aber es ist zu fragen, welche Verhaltensmuster es sind, die ein zusätzliches Bedürfnis nach Tafelschokolade auslösen. Was ist zum Beispiel, wenn die Benzinpreise sich verdoppeln? Verzichten dann die Leute, die unterwegs sind, auf das Mittagessen im Gasthaus und essen nur noch Tafelschokolade? Das wäre der Einstieg in ein Szenario z. B. – also in ein Zukunftsbild von Verhaltensweisen. Von daher muß

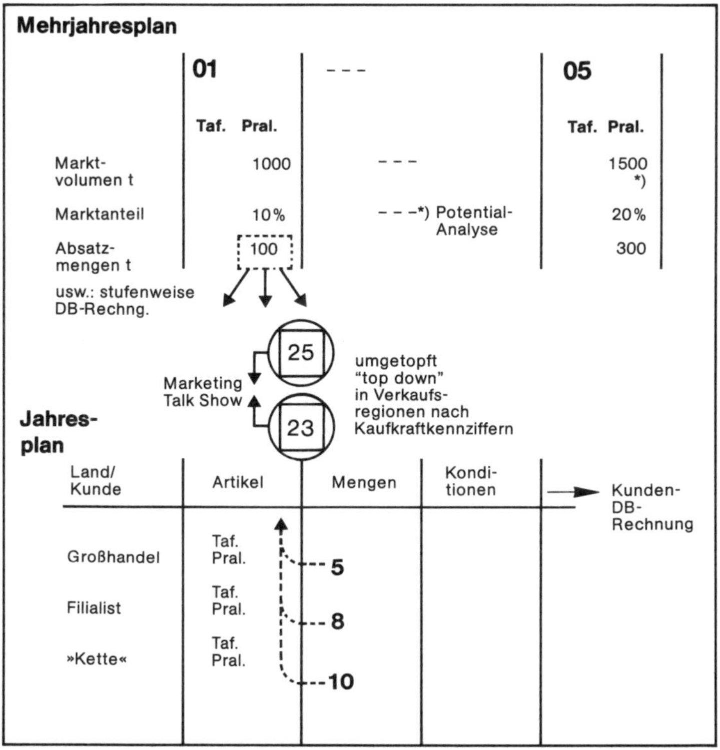

Abb. 30c: Verzahnung von operativer Mehrjahres-Planung mit Auftragseingangsplan des Wirtschaftsjahres

sich ergeben, ob es verläßlich sein mag, daß diese Sorte von Bedarf Zuwachsraten hat – ein Angebot also zunehmende Attraktivität besitzt. Sinngemäß: wie geht's bei Pralinen weiter?

Die 2. Frage ist, ob die eigenen Absatzmengen deshalb zunehmen, weil (auch) der Marktanteil zunimmt. Wird wie im folgenden Listenbild angenommen, daß der Marktanteil wächst, so muß man sich klar darüber sein, *wem man diesen Marktanteil wegnimmt.* Marktanteile vergrößern lassen sich ja nur, wenn ein Mitbewerber »gerupft« wird. Das verlangt eine Potentialanalyse, analog zur Abb. 23b.

Aus der Mehrjahresplanung ergeben sich Orientierungsdaten »top down« für den Jahresauftragseingangsplan. Dieser »bottom up« zusammen mit dem Außendienst zu erstellende Plan beginnt im Listenbild bei Land und Kunde. Vgl. Abb. 30c. Erste Sortiergröße ist der Kunde – also der Krabbelkasten der Kundenkartei. Wer soll wo zum Zweck des Holens von Aufträgen hingehen und die Tür in die Hand nehmen? Aus diesem bottom up zu entwikkelnden Jahresauftragseingangsplan der Gebietsverkäufer und dem Perspektivbudget über mehrere Jahre der Produkt-Manager ergibt sich dann die Marketing-Talk show zur Verprobung der Teilpläne. Terminlich – vergleiche den zweiten Band, Abb. 2 – würde die Mehrjahresplanung im ersten Halbjahr liegen; der Auftragseingangsplan liefe im September/Oktober.

7. Kapitel

Die Bausteine im System der operativen Planung

Kernstück der Unternehmensplanung ist die operative Planung oder Planungsrechnung; gelegentlich auch als »Budget-System« bezeichnet. Bei der folgenden Darstellung wird jeweils die Planung für ein kommendes Geschäftsjahr in den Mittelpunkt gerückt.

Wie schon gesagt, besteht die operative Planung

- aus dem »inneren Netz« der Planung von Umsatz, Kosten und Gewinn;
- aus dem »äußeren Netz« einer integrierten Unternehmensplanung.

Um sich schnell zu vergewissern, was damit gemeint ist: In der Darstellung des »äußeren Netzes« der Abb. 34 ist der unterste Kasten des Gewinplans das »innere Netz« im Sinn der Management-Erfolgsrechnung der Abb. 31.

Das System der Management-Erfolgsrechnung als Planrahmen für das »innere Netz« der Planung von Umsatz, Kosten und Gewinn

Die folgende Darstellung 31 steht bei der Gewinnplanung und -steuerung im Mittelpunkt. Sie figuriert wie ein zentrales, zusammenbündelndes Kommandopult für die Komponenten, die zum Gewinn beitragen. Jedes Kreuzchen, das in diesem als Mon-

	Verkaufserfolgsrechnung	Sparte 1	Sparte 2	Summe (Jede Spalte als Plan/Ist/Abweichung / Abweichung seit Beg. Planungszyklus)
	Verkaufte Einheiten	X	X	X
	Erlöse zu Rechnungspreisen	X	X	X
./.	Standard-Erlös-Schmälerungen	X	X	X
	Netto-Erlöse	X	X	X
./.	Standard-Produktkosten des Absatzes	X	X	X
	Deckungsbeiträge I	X	X	X
	Deckungsbeitrag I je Einheit	x	x	x
	DBU = Deckungsbeitrag in % vom Umsatz	x	x	x
	Deckungsbeitrag I je Engpaßeinheit	x	x	x
./.	Direkte Struko für Promotion	X	X	X
	Deckungsbeiträge II (Promotion-Erfolg	X	X	X
./.	Direkte Strukturkosten der Sparten	X	X	X
	Deckungsbeiträge III (Spartenchef-Erfolg)	X	X	X
	Direkt investiertes Spartenkapital	x	x	x
	Sparten-Kapitalertrag	x	x	x
./.	Allgemeine Strukturkosten und Kapitaldienstziel-Budget			X
	Standard-Ergenbis			X

	Abweichungsanalyse	*V	B	E	Su.
+/–	Abweichungen Ist/Standard-Erlösschmälerung	X			X
+/–	Abweichungen der Kosten der Kostenstellen	X	X	X	X
+/–	Materialmengen-Abweichungen		X		X
+/–	Materialpreis-Abweichungen			X	X
		X	X	X	
	MANAGEMENT-ERFOLG				X

	Abstimmbrücke	
+/–	Struko in Bestandsveränderung Halb- und Fertigfabrikate und aktiv. Eigenleistungen	X
+/–	Bilanzielle/Kalkulatorische Abschreibungen	X
+/–	Zinsen, Steuern, Dividenden/ROI-Ziel	X
+/–	Ist/Kalk. verrechnete Sozialkosten	X
+/–	Zeitliche Abgrenzungen Finanzbuchhaltung	X
+/–	Außerordentliche Erlöse und Kosten	X
	BILANZ-ERFOLG / Jahresüberschuß	X

* V = Verkauf, B = Betrieb, E = Einkauf; Su. = Summe

Abb. 31: System der Management-Erfolgsrechnung

tageanleitung dienenden Modellschema eingetragen ist, kann sowohl als Planzahl, Istzahl und Vorschau-Zahl auftreten – getreu der These, daß jedes Management-Informations-System auch gleichzeitig ein Mangement-Planungs-System sein soll.

Die Management-Erfolgsrechnung gliedert sich in drei Abschnitte:

1. die *Verkaufserfolgsrechnung*, die von der Fakturierung her zusammengestellt wird;
2. die *Abweichungsanalyse*, die aus den in der Verkaufserfolgsrechnung teilweise standardisiert oder budgetiert auftretenden Informationen ein Ist-Resultat formt;
3. die *Abstimmbrücke*, die den Management-Erfolg als die Gewinn-Erzielungs-Information des Controllers mit dem Bilanzerfolg als der Gewinn-Ausweis-Größe des Treasurers abstimmt.

1. Verkaufserfolgsrechnung:

Die Spaltenüberschriften richten sich nach der Einteilung des Artikelsortiments; gebündelt zu Sparten oder Artikelgruppen. Basis der Verkaufserfolgsrechnung ist die Liste der fakturierten Umsätze, die natürlich im Detail für die Planungs- und Steuerungsarbeit des Verkaufs die Angaben über Umsätze, Produktkosten und Deckungsbeiträge für jeden einzelnen Artikel enthält.

Die Erlösschmälerungen sind im Beispiel als Standardsätze angegeben, etwa wegen Boni und Rückvergütungen am Jahresende für Wiederverkäufer. Das heißt, daß im Artikelstammsatz der maschinellen Fakturierung die Standard-Prozentsätze für Erlös-Schmälerungen eingespeichert sein müssen. Die erste Position in der Abweichungsanalyse weist für das Ressort Verkauf aus, wie groß die Differenz zwischen den standardisiert auf den Umsatz verrechneten und den effektiv gezahlten = verbuchten Erlösschmälerungen ist. Im ersten Teil des Jahres wird die Differenz positiv sein; später im Jahr negativ.

Von den Netto-Erlösen abgezogen sind die Standard-Produktkosten. Im Falle einer Standardkalkulation bei seriellen Erzeug-

Artikel-Nr. 1	Artikel-Bezeichnung 2	Darreichungsform 3	Packungsgröße 4	Listen-Preis je VE 5	Erlös-Schmälerung % 6	Netto-Erlös je VE 7	Grenz-Kosten je VE 8	Deckungsbeitrag je VE 9	DBU (% vom Umsatz) 10
1211	GAMMA	Tabl.	20	40,–	30	28,–	21,–	7,–	25
1231	ALPHA	Tabl.	20	24,–	30	16,–	10,–	6,–	37
1232	ALPHA	Tabl.	10	14,–	30	9,80	6,30	3,50	36
1235	ALPHA	Amp.	3	15,–	33	10,–	6,–	4,–	40

Tagesdosen VE 11	Deckungs-Beitrag TD 12	Deckungs-Beitrag je Kap.-Std. 13	Mindestdeckung für direkte Fixkosten je VE 14	Zwischenziel je VE (Interventionspunkt) 15	Restliches Deckungsziel je VE 16	Gesamtes Kostendeckungsziel je VE 17	Management-Erfolg je VE (Ziel erreicht?) 18
6,6	1,06	kein Produktionsengpaß	4,–	25,–	3,–	28,–	0
6,6	0,91		3,–	13,–	3,–	16,–	0
3,3	1,06		1,70	8,–	1,80	9,80	0
3	1,33		2,–	8,–	2,–	10,–	0

Strategiedaten zur Sortimentspolitik
vgl. zur Interpretation
Entscheidungs-Schema

Preisziel- und Preissicherungsrechnung
(welche Kosten sind ungedeckt, falls der geplante Verkaufspreis unterschritten werden muß)

Abb. 32: Strategieliste bzw. operative Prioritätenliste; Sprachgebrauch Grenzkosten/Produktkosten bzw. Fixkosten/Strukturkosten

nissen können die Standard-Produktkosten sowie die Standard-Belegungszeiten auf einem Engpaß je Artikelnummer im Artikelstammsatz bereitgehalten werden. Mit jeder fakturierten Rechnungszeile werden diese Standards abgerufen und ergeben, mit der Stückzahl multipliziert, die Standardgrenzkosten/Produktkosten des Umsatzes der Periode.

Führt eine Unternehmung wegen Einzelfertigung eine auftragsweise mitlaufende Nachkalkulation durch, so erscheinen in der Zeile Standard-Grenzkosten des Umsatzes die nachkalkulierten Grenzkosten des Umsatzes. Sie bestimmen sich über die effektiv benötigten Materialeinsätze je Auftrag und die tatsächlich erforderlich gewesenen Stundenleistungen in Konstruktion und Produktion; die Stunden allerdings bewertet zu Plangrenzkostensätzen/Plan-Produktkostensätzen.

Die *Deckungsbeiträge I dienen, wie schon erläutert, der Artikelbeurteilung.* Allerdings bildet dafür noch nicht das Volumen der Deckungsbeiträge eine Aussage, sondern es sind die *Strategie- oder Strukturzahlen zu Rate zu ziehen.* Das sollen die versetzt angegebenen Kreuzchen zum Ausdruck bringen; bei ihnen handelt es sich um stück- oder stundenbezogene Werte, während die in der Hauptlinie stehenden Zahlenkreuzchen periodenbezogene Angaben darstellen.

Hat das Schema der Verkaufserfolgsrechnung die Funktion der Planung von Umsatz, Kosten und Gewinn, so lassen sich die einheitsbezogenen Strategiezahlen aus den Budgetzahlen des Jahres rekonstruieren (Deckungsbeitragsbudget pro Jahr dividiert durch Planabsatz in Einheiten pro Jahr ergibt Plandekkungsbeitrag pro Einheit, der auch der Standardkalkulation des Artikels entspricht). Hat die Liste hingegen die Funktion der Istabrechnung eines Monats, Quartals oder Jahres, so weichen die mit der Jahresplanung verknüpften Strategiedaten von den Resultaten des abgerechneten Zeitraumes ab. *Das entspricht der Konzeption, die operative Planung, aus der die Strategiedaten mit der Standardkalkulation hervorgehen, während des Jahres nicht zu ändern.* Das Verkaufsmanagement muß die Informationen der während des Budgetjahres konstant gehaltenen Strategieliste / Prioritätsliste konsultieren, *um seine Deckungsbeitragsresultate in der dispositiven Planung auf dem Budgetkurs zu halten.*

Die Darstellung in Abb. 32 zeigt das Beispiel einer solchen Prioritätsliste. Sie stellt abrechnungstechnisch einen Auszug der wesentlichen Daten aus der Standardkalkulation dar. Am verstärkt gezeichneten Trennstrich teilen sich die Strategie-Informationen. Links von dieser Grenze bilden die Deckungsbeitragswerte eine Unterlage für die Sortimentspriorität; rechts von der Grenze mit den etappenweise auf die Grenzkosten aufgestockten Soll-Deckungsbeiträgen eine Unterlage für die Verkaufspreis-Realisierung. Die Angaben entsprechen den Problemen in einer pharmazeutischen Unternehmung. Zur Artikelbezeichnung gehören auch Angaben über die Darreichungsformen und Packungsgrößen. Wegen dieses Sachverhaltes wird im Interesse von Steuerungsdaten für eine differenzierte Sales-Mix-Politik der Deckungsbeitrag je Verkaufseinheit in Spalte 9 (VE = Verkaufseinheit) zum Deckungsbeitrag je Tagesdosis (TD) oder je Wirkstoffeinheit in der Spalte 12 umgerechnet. Dies ist nach der bewährten medizinischen Regel »3 x täglich« erfolgt (eine Ampulle von Alpha entspricht einer Tagesration).

Da die Deckungsbeiträge je nach Situation in einer anderen Bezugsbasis bei der Planung und Steuerung der Verkaufsstrategie angewendet werden müssen, empfiehlt sich für den Einsatz der Daten der Prioritätsliste noch das folgende *Entscheidungs-Schema,* das – in der Art eines Blockdiagramms mit Ja/Nein-Entscheidungen aufgebaut – zur Auswahl der passenden Deckungsbeitrags-Hitparadenzahl anleiten soll (Abbildung 33). In der Verkaufserfolgsabrechnung der Abb. 31 sind nach den Deckungsbeiträgen I zunächst die artikel-direkten Struktur-Kosten für Promotion als ein Budget je Abrechnungszeitraum (Planungszeitraum) eingesetzt. Der dabei sich ergebende Deckungsbeitrag II weist den Erfolg der Werbe- und Vertriebsstrategie aus (wie er planmäßig vorgesehen war oder wie er effektiv ausgefallen ist und von der Planung abweicht). Die *Deckungs-*

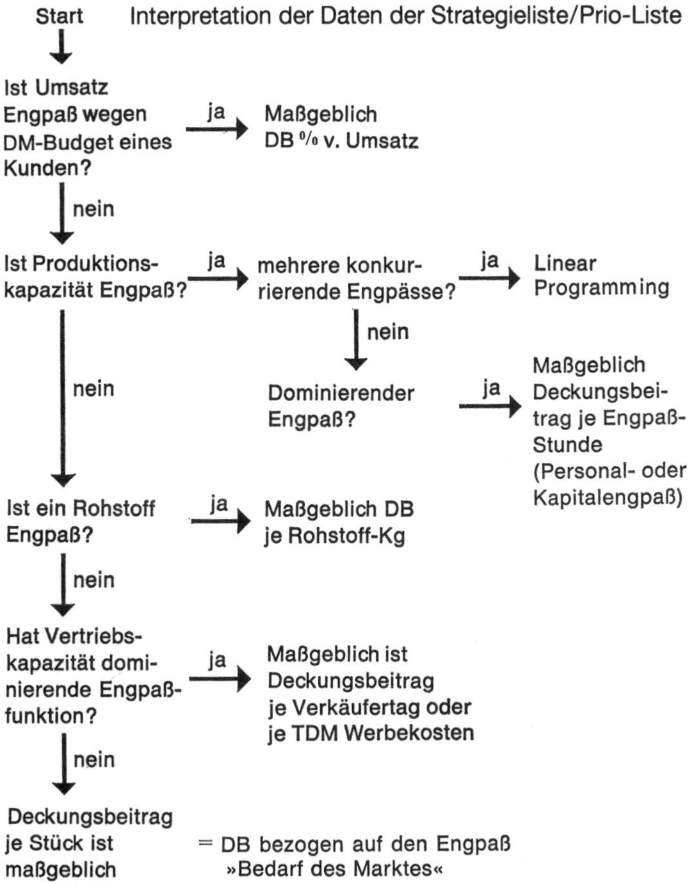

Abb. 33: Entscheidungs-Schema zur Artikel-Strategie im Verkauf

beiträge II bilden den Einstieg in die Promotionbeurteilung bzw. die Beurteilung der Produkt-Manager, die für die Verkaufsunterstützung ihrer Artikel-Linie zuständig sind.

Sodann sind – auch in der Istabrechnung – als Budgetblock die spartendirekten Struko für Produktion und Verwaltung abgesetzt, woraus sich – mit der Wirkung einer Beurteilung des Spartenchefs als Profit-Center-Chef – der Deckungsbeitrag III oder Spartenerfolg ergibt. Allerdings gehören zur Managerbeurteilung auch die Abweichungen seiner Istkosten von den Budgets, die auf den betreffenden Kostenstellen im Detail gezeigt sind und in der Abweichungsanalyse zusammengefaßt werden. Der Spartenerfolg kann, auf das direkt in der Sparte arbeitende Kapital bezogen, zu einer Kapitalertrags-Leistungskennziffer ausgestaltet sein.

Als Block in der Summenspalte sind ferner abgesetzt das Budget der Unternehmung an allgemeinen fixen Kosten sowie das budgetierte Kapitaldienstziel. Das Kapitaldienstziel wäre – wie schon auf Seite 35 geschildert – über die Zielsetzung eines Kapitalertrags-Prozentsatzes vor Steuern auf das in der Unternehmung arbeitende Kapital ermittelt worden. Würde deshalb das Standard-Ergebnis, das deshalb so genannt wurde, weil es auch in der Management-Ist-Information eines abgelaufenen Zeitraums teilweise aus standardisierten und budgetierten Werten zusammengesetzt ist, innerhalb eines Quartals negativ ausfallen, während unten der Bilanzerfolg eine positive Größe darstellt, so würde das bedeuten, daß das Management das vorgegebene Kapitalertragsziel nicht erreicht hat. Nur das Rechnungswesen des Controllerbereichs bis zur Größe Management-Erfolg arbeitet mit solchen Mindestzielen; die Bilanz weist den Gewinn aus, der effektiv entstanden ist und nicht den, der hätte entstehen sollen.

2. Abweichungsanalyse:

Die Abweichungen gegenüber den Budgets und Standards werden behandelt, als seien sie Korrekturen der fixen Kosten. Stellen sich günstige Abweichungen heraus (Unterschreitungen der geplanten Kosten), so erleichtern sie das verlangte Deckungsziel. Ungünstige Abweichungen wirken so, als hätte sich das Deckungsziel und damit der Anspruch an hereinzuholende Deckungsbeiträge erhöht.

Die Abweichungen werden Ressort-bezogen ausgewiesen, weil es Manager sind, die sich auf Grund der Abweichungen (»Exceptions«) um Steuerungsmaßnahmen (dispositive Planung) bemühen sollen. Hinter jeder zusammengebündelten Abweichungs-Information des Systems der Management-Erfolgsrechnung stehen einzelne Plan-/Ist-Bausteine, die es erlauben, einer Abweichung bis ins Detail zu folgen. Diese Vorgänge werden im 9. Kapitel des Bandes II im einzelnen erläutert.

Der Management-Erfolg bildet die zentrale Berichtsgröße des Controller-Bereichs (vgl. die Beispiele im Band II, 10. Kapitel). Hier strömen die Einflußgrößen zusammen, die ein Aktionsprogramm zur Gewinnverbesserung anzeigen. Deshalb wurde diese Information auch »Management«-Erfolg genannt. Nicht nur, weil es alle Bereiche des Management sind, die ihn zustande gebracht haben; auch weil hier das Management unmittelbar den Einstieg in Verbesserungen finden kann. Der Bilanzerfolg hingegen kommt auch durch steuer- und handelsrechtliche Vorschriften zustande, die nichts darüber aussagen, was der Verkaufs-, Produktions- oder Einkaufsmanager tun kann, um die Gewinnsituation zu verbessern.

Im Stadium der Planung ist die Abweichungsanalyse mit ihrem Signalsystem allerdings auf Null gestellt. Hier ist das Standard-Ergebnis identisch mit dem Management-Erfolg, der ebenfalls »Null« beträgt, wenn Kapitalertragsziel und Planung in Einklang sind. Null heißt: die Planung hat die Zielsetzung gerade erfüllt.

3. Abstimmbrücke:

Die Positionen der Abstimmbrücke stimmen Management-Erfolg und Bilanzerfolg aufeinander ab. Hier findet das Rechnungswesen des Controllers, das nicht buchhaltungsbezogen aufgebaut sein muß, den Zusammenhang mit dem Rechnungswesen des Treasurers, das sich in der Finanzbuchhaltung niederschlägt.

Typisch für die Unterschiede im Informationswesen des Controllers zur Bilanz ist schon gleich die erste Position. Bis zum Management-Erfolg sind die fixen Kosten als Budgetblöcke des Zeitraumes ausgewiesen; desgleichen die Abweichungen. In der Bilanz hingegen werden die Bestandsveränderungen an Halb-

und Fertigfabrikaten sowie die aktivierten Eigenleistungen mit anteiligen Fixkosten der Herstellung bewertet. Über die Schleuße Bilanz werden also Fixkosten des Budgetzeitraumes in den nächsten Zeitraum transferiert. Wäre die Produktion höher als der Absatz, würden also die Bestände zunehmen, so ergäbe sich auch ein höherer Bilanzerfolg im Vergleich zum Management-Erfolg. Diesen Unterschied bringt die erste Position der Abstimmbrücke zum Ausdruck wegen Bewertung »Proko plus«.

Der Controller berichtet also so, wie es den geschäftlichen Verhältnissen entspricht. Die Struktur-Kosten sind – Gehälter, Mieten, Beiträge usw. – auf einen Zeitraum bezogene Kosten und müssen aus den Deckungsbeiträgen dieses Zeitraums abgedeckt werden. Deckungsbeiträge als Erlösüberschüsse können aber nur aus dem Verkauf stammen; nicht schon aus der Produktion. In der Bilanz hingegen können durch die Bewertung mit anteiligen Struko Gewinne schon ausgewiesen werden, obwohl noch gar nicht verkauft ist. Auch bei langfristiger Einzelfertigung würde ich als Controller die vollen fixen Kosten eines Zeitraumes als Deckungsziel bis zum Management-Erfolg ausweisen – selbst wenn dann bei einer Sparte nur fixe Kosten und keinerlei Deckungsbeiträge stehen sollten und erst am Ende des Auftrags stoßweise ein hoher Deckungsbeitrag realisiert wird. So entspricht es schließlich auch der Natur dieses Geschäfts. Daß man auf den Konten »Werke in Arbeit« auch Fixkosten aktiviert, um eine geleistete Wertschöpfung auszudrükken, sollte Angelegenheit der Bilanz bleiben, der es auch darum geht, die Periodenvergleiche um solche Stöße zu bereinigen. Das gilt auch für andere zeitliche Abgrenzungen der Finanzbuchhaltung, die nur mit dem zeitgerechten Ausweis von Gewinnen zusammenhängen und nicht damit, wie mehr Gewinn erzielt werden könnte. Sprachgebrauch *»Fixkosten«/Strukturkosten.*

Daß diese Einstellung ihre Vorteile hat, bestätigte einmal die Diskussion in einem Unternehmen der Süßwarenbranche. Da dort der Sommer meist flau ist, wurden die fixen Kosten in der Verkaufserfolgsrechnung nicht gemäß der Kalenderzeit, sondern nach den Umsatz-Chancen als Deckungsziel zugeordnet. Folglich kam der Sommer besser weg, während ein größerer Anteil dem letzten Drittel des Jahres wegen des Weihnachtsgeschäftes vorgegeben wurde. Nachdem im System der Management-Erfolgsrechnung diese Pufferung aufgegeben und in die Quartalsbilanzen verdrängt worden war, kam der Sommer in der Verkaufserfolgsrechnung mit einem negativen Resultat heraus. Die Produkt-Manager meinten dann angesichts dieser Informationen, daß sie doch beizeiten hätten daran denken können, in Richtung von Speise-Eis zu diversifizieren. Daß eine solche Maßnahme mit der Folge sommerlicher Deckungsbeiträge große Vorteile gebracht hätte, wurde durch das einschläfernde Puffern der fixen Kosten gar nicht signalisiert. Ein guter Controller muß harte Tatsachen zeigen; er darf sie nicht hinter den Zahlenberichten verstecken, »damit der Verkauf sich nicht ärgert«.

Der Ausbau des »inneren Netzes« der Gewinnplanung zum »äußeren Netz« eines integrierten Budgetsystems

Das System der Management-Erfolgsrechnung findet sich auch im Gesamtsystem der operativen Planung wieder – aber nur noch als einer der Bausteine im Budget-Gebäude. In der folgenden Abbildung 34 sind um diesen Baustein herum auch die übrigen Planungsbausteine gruppiert.

So ist der Gewinnplan einerseits mit dem *Finanzplan* gekoppelt. Während im Gewinnplan bereits der fakturierte Netto-Erlös erscheint, berücksichtigt der Finanzplan dazu noch die Höhe der Kundenaußenstände. Der Gewinnplan enthält innerhalb der Vertriebskosten auch die Werbe-Etats; aber der Finanzplan berücksichtigt außerdem den Umstand, daß die Einführungswerbung für neue Erzeugnisse erst einmal vorausfinanziert werden muß. Der Gewinnplan fordert für die durch Investitionen jährlich bedingten fixen Kosten ein Deckungsziel. Der Finanzplan muß aber darüber hinaus sicherstellen, daß die Anschaffungskosten von Investitionsobjekten finanziert werden können. Der Gewinnplan liefert an den Finanzplan den Cash Flow ab; d. h.

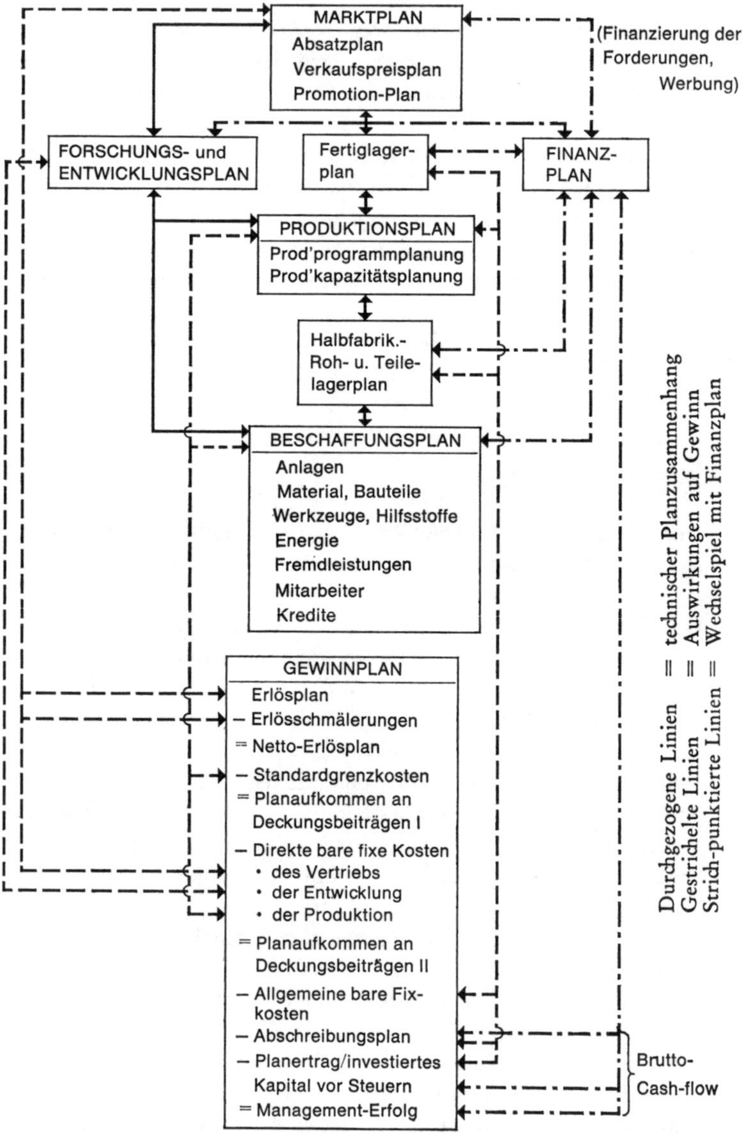

Abb. 34: System der Unternehmensplanung (Planrahmen)

jenen Teil der Deckungsbeiträge, der nicht durch bar zu zahlende fixe Kosten gebunden ist. Das Schema einer 5-Jahres-Finanzplanung zeigt die Abbildung 35.

Andererseits verknüpft die operative Gesamtplanung das innere Netz des Gewinnplans mit einer integrierten *Planung des technischen Mengengerüstes.* So enthielt der Gewinnplan ursprünglich den in der Standardkalkulation – vgl. Schema auf Seite 27 – ermittelten Grenzkostensatz je Artikeleinheit, damit die Deckungsbeiträge als Überschüsse der Netto-Erlöse über die Grenzkosten errechnet und verkaufsstrategische Verbesserungen innerhalb des Aufbaus der Planung mit Hilfe der Deckungsbeiträge durchgespielt werden konnten. Die technische Planung operiert darüber hinaus mit den Mengengerüsten, die in die Struktur der Standardkalkulation eingebettet ist. So besteht die Kalkulation der Produktkosten/Proko aus der Rezeptur für Rohstoffe und Halbfabrikate bzw. aus der Stückliste für Fertigungsmaterial und Bauteile sowie zum anderen aus dem Operationenplan und den Belegungszeiten. Löst man die Rezepturen und Stücklisten in ihre Bestandteile auf, so ergibt sich – multipliziert mit den zu verkaufenden Stückzahlen, korrigiert um Lagerbestandsveränderungen – der Materialbedarf nach Materialarten und -mengen. Andererseits führt die Auflösung der Operationenpläne über die Kostenstellen und Belegungszeiten – mit den zu produzierenden Stückzahlen multipliziert – zum Kapazitätsbedarf in Stunden.

Daraus leitet sich wieder, soweit die maschinellen Kapazitäten nach Quantität und Qualität nicht ausreichen, der *Beschaffungsplan* für Investitionsgüter ab sowie über die Bedienungsverhältnisse der Beschaffungsplan für Mitarbeiter in der Produktion.

Alle Pläne werden regiert und beeinflussen ihrerseits den *Forschungs- und Entwicklungsplan.* Für den Marktplan folgen aus dem F & E-Bereich neue Erzeugnisse und neue Problemlösungen für die Kunden (umgekehrt geben die Kunden Anregungen oder sogar Aufträge für neue Ideen); die Produktionsplanung wird seitens F & E mit neuen Verfahrenstechniken unterstützt

Kapitalflußrechnung – Cash Flow Statement	letztes Jahr	laufendes Jahr		1.	2.	3.	4.	5. Jahr
		Budget	Ist					
Jahresüberschuss								
+ Abschreibungen								
+ Zuführung zu langfr. Rückstellungen								
= Cash Flow i.e.S.								
÷ z.B. dazukommende Debitoren								
+ z.B. abnehmende Vorräte								
÷ dazukommende Werke in Arbeit								
+ dazukommende Anzahlungen von Kunden								
+ z.B. dazukommende Kreditoren								
+ z.B. dazukommende kurzfristige Rückstellungen								
= Cash Flow from operations								
÷ z.B. dazukommende Investitionen Anlagevermögen								
+ Erlöse aus Anlageabgängen								
÷ z.B. Tilgung langfristige Schulden								
÷ Ausschüttung Dividende								
= Free Cash Flow (nach Zinsen und Dividenden)								
÷ z.B. Tilgung kurzfristige Bankschulden								
+ z.B. Wechselkurskorrekturen								
= Veränderung des Bestandes der flüssigen Mittel								

Abb. 35: Schema der Finanzplanung als Kapitalflussrechnung

(umgekehrt geben Produktionsprobleme Aufgabenstellungen für Entwicklung und Versuchswerkstatt); neue konstruktive Lösungen bedingen neue Anforderungen an die Beschaffungsplanung sowohl bei Mitarbeitern wie bei Materialien (umgekehrt geben z. B. die Lieferanten mit neuen Werkstoffen Anstöße für Forschung und Entwicklung). F & E wirkt auf die Läger ein – durch Konstruktionsänderungen werden Teile auf Lager wertlos – und genauso sollte von der Lagerplanung her eine Rückkopplung auf die Entwicklung erfolgen, die eine Änderung solange zurückstellen soll, bis wertvolle Materialien und Bauteile vollends verbraucht sind.

Jeder Pfeil hat zwei Spitzen, weil jeder Plan teilweise eine Folge anderer Pläne ist und gleichzeitig seinerseits auf die anderen Pläne zurückwirkt. Besonders deutlich ist das auch bei den Zusammenhängen zwischen Finanz- und *Lagerplanung*. Läger fordern einen zusätzlichen Finanzbedarf. Umgekehrt limitiert der finanzielle Spielraum das Ausmaß der Lagerung und zwingt die Absatz- und Produktionsplanung, sich noch stärker aufeinander einzuregulieren.

Wie Absatz-, Produktions- und Lagerplanung zusammenhängen, erläutert auch das folgende einfache Beispiel aus der Getränke-Industrie, das zugleich auch die Jahresplanung in eine Monatsplanung zerlegt. Produziert werden nach dem Tableau in Abbildung 36 insgesamt 13,009 Millionen Liter. Der Absatz beläuft sich auf 12,5 Millionen Liter. Mit einem Anfangsbestand von 235 000 Liter erhöht sich damit das Fertiglager zum Jahresende auf 744 000 Liter mit einer Lager-Spitzen-Belastung im Frühsommer. Das hängt damit zusammen, daß im Hochsommer der Absatz größer ist als die Produktion, die zudem im August Betriebsferien macht, so daß zum Sommerbeginn die Lagervorräte ausreichend aufgestockt sein müssen. Das hat natürlich entsprechende Auswirkungen auf die Finanzplanung. (Beispiel nach K. Weber, Planung in Schweizer Unternehmungen, Bern 1965.)

Monat	Absatz			Produktion			Lager			Bemerkungen
	Anzahl Flasch.		Total	Anzahl Flasch.		Total	Anzahl Flasch.		Total	
	1/1	3/10	Liter	1/1	3/10	Liter	1/1	3/10	Liter	
Lager 1. 1.							100	450	235	
Januar	200	900	470	300	1 350	705	200	900	470	3 + 5 Fülltage, 12 unbenützt
Februar	250	1 000	550	400	1 890	967	350	1 790	887	4 + 7 Fülltage, 7 unbenützt
März	300	1 200	660	750	3 240	1 722	800	3 830	1 949	$2^1/_2$ + 12 Fülltage
April	350	1 300	740	750	2 700	1 560	1 200	5 230	2 769	$7^1/_2$ + 12 Fülltage; 20. 4. Karfreitag, 23. 4. Ostermontag
Mai	500	2 000	1 100	800	3 240	1 772	1 500	6 470	3 441	8 + 12 Fülltage, 31. 5. Auffahrt
Juni	700	3 000	1 600	750	1 890	1 317	1 550	5 360	3 158	$7^1/_2$ + 7 Fülltage, 3 unbenützt; 11. 6. Pfingstmontag
Juli	900	4 000	2 100	700	2 700	1 510	1 350	4 060	2 568	7 + 10 Fülltage, 3 unbenützt
August	800	3 500	1 850	200	810	443	750	1 370	1 161	2 + 3 Fülltage, 5 unbenützt; 11.–26. 8. Betriebsferien
September	500	2 500	1 250	400	2 160	1 048	650	1 030	959	4 + 8 Fülltage, 6 unbenützt
Oktober	300	1 500	750	300	1 890	867	650	1 420	1 076	3 + 7 Fülltage, 8 unbenützt; ab 29. 10. Revision
November	250	1 300	640	250	540	412	650	660	848	$2^1/_2$ + 2 Fülltage; Revision 1.–23. 11.
Dezember	490	1 000	790	200	1 620	686	360	1 280	744	2 + 6 Fülltage, $5^1/_2$ unbenützt; 22.–31. 12. Ferien
Total	5 540	23 200	12 500	5 800	24 030	13 009				

Abb. 36: Verkaufs-, Produktions- und Lagerplan

Die Zusammenhänge zwischen den Teilplänen der operativen Planung

Wie die Teilpläne eines integrierten Budgetsystems miteinander verknüpft sind, veranschaulicht auch das in Abbildung 37 folgende »Trittstein-Muster« für eine Unternehmensplanung (die Idee stammt von Fachleuten des Hauses HONEYWELL). In dieser Konzeption der Budgetierung klingt das Funktional-Team-Prinzip an, das im Band II, 11. Kapitel, noch näher erläutert wird. Links senkrecht sind hauptsächlich die Prozeßfunktionen angeordnet, während nach rechts herüber die Service-Bereiche untergebracht sind.

In Ergänzung zum Schema der Abb. 34 trennt hier der Marktplan zwischen dem Auftragseingang, dem Auftragsbestand und dem fakturierten Umsatz (Rechnungsausgang). Aus der Auftragsbestandsplanung ergibt sich eventuell in Form der Anzahlungen ein Input in den Finanzplan. Die Personalbedarfsplanung für Vertriebsmitarbeiter ergibt sich aus der Auftragseingangsplanung; während die Rechnungsausgangsplanung Mitarbeiter, Investitionen und Kosten im Verwaltungsbereich nötig macht (Buchhaltung, Fakturierung). Auch in diesem Schema hat jeder Verbindungspfeil zwei Richtungen, weil zwischen den Teilplänen jeweils Rückkopplungsprozesse spielen.

Aus dem Gewinnplan zweigt in den Finanzplan wieder wie schon in Abb. 34 der Brutto-Cash-Flow, der innerhalb des Treasurer-Bereichs über die Planung der Fremdkapitalzinsen, Ertragsteuern und Ausschüttungen noch zum Netto-Cash-Flow umzuformen ist.

Ein weiteres Beispiel für die Verknüpfung von Teilplänen zu einem integrierten Gesamtsystem der operativen Planung illustriert die letzte Komposition (nach Ideen von Fachleuten des Hauses SUCHARD). Die Abbildung 38 (Faltblatt) berücksichtigt ausdrücklich das System der Management-Erfolgsrechnung, wie es in Abb. 31 angegeben ist. So wird die projektierte Management-Erfolgsrechnung (Standard-Ergebnis = Management-Erfolg) über eine geplante Abstimmbrücke zur

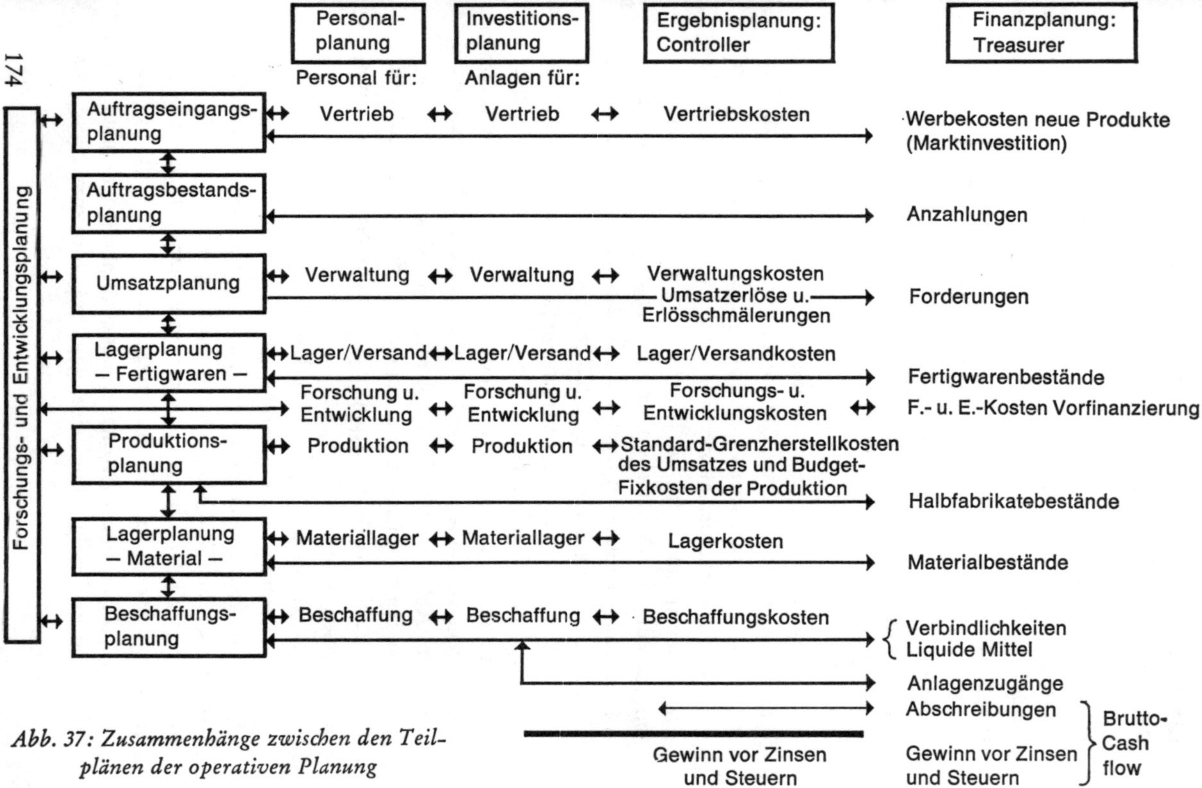

Abb. 37: Zusammenhänge zwischen den Teilplänen der operativen Planung

projektierten Steuerbilanz und -Gewinn- und Verlustrechnung weitergeführt (siehe Faltblatt Abb. 38).

Ferner wird in diesem Beispiel besonders offensichtlich, wie die Aufstellung des Verkaufsbudgets mit der Budgetierung der Erlösschmälerungen, Werbe- und Verkaufsförderungsmaßnahmen, Auslieferungslagerorganisation sowie den Aktionsplanungen der Außendienstmitarbeiter korrespondiert.

Der Kapitalertrags-Stammbaum als »Schrittmacher« zur Budget-Verbesserung

Bei der Prüfung des Entwurfs der operativen Planung darauf hin, ob alle Zielkennzahlen wie Kapitalertrag, Wachstumsrate, Cash-Flow im Verhältnis zum Umsatz und verschiedene technische Leistungskennzahlen – voran der berühmte Pro-Kopf-Umsatz – auch tatsächlich erfüllt sind, wird es immer wieder Lücken geben, die ein *Budget-Verbesserungsprogramm veranlassen* müssen. Nicht umsonst wird oft gesagt, daß der Radiergummi das wichtigste Planungsinstrument sei. Vor allem werden oft unbefriedigende Resulate beim Kapitalertrag als Zielgröße auftreten. Das muß zwar nicht so kraß aussehen wie im Fall der Plastikfabrik Lamina AG. Meist aber bewährt sich ein Schrittmacher, der dem Controller hilft, das Budgetgebäude systematisch auf Verbesserungen hin »abzuklopfen«.

Einen solchen Schrittmacher erhält man über die Kapitalertragsformel. An sich ist der Kapitalertrag nichts anderes als eine Kennzahl, die den Gewinn – oder wir müssen sagen das Betriebsergebnis – in Beziehung setzt zum investierten Kapital. Bei der Lamina AG war das Verbesserungsprogramm dann nur auf die Umsätze und Deckungsbeiträge bezogen. Fragen des Kostensparens und eines günstigeren Kapitaleinsatzes waren dadurch ausgeklammert, daß die fixen Kosten ohne Gliederung von Kostenarten und die Kapitalsumme ohne Aufteilung in die Positionen von Anlage- und Umlaufkapital angegeben waren.

Um ein umfassendes Verbesserungsprogramm zu konzipieren, wird die Kennzahl des Kapitalertrags (return on investment – ROI)

$$\frac{\text{Gewinn}}{\text{investiertes Kapital}}$$

zerlegt in die *Aktionsformel:*

$$\text{ROI} = \frac{\text{Gewinn}}{\text{Umsatz}} \cdot \frac{\text{Umsatz}}{\text{investiertes Kapital}}$$

Die beiden Komponenten der Formel sind links die *Umsatzrendite* und rechts der *Kapitalumschlag.*

Erzielt eine Unternehmung heute einen Kapitalertrag von z. B. 8%, so kann das die Kombination einer Umsatzrendite von 1% und achtmaligen Kapitalumschlag wie diejenige einer Umsatzrendite von 16% und 0,5-maligem Kapitalumschlag im Jahr sein bzw. das Resultat einer jeden anderen Kombination, die zusammen 8% ergibt. Soll ein Aktionsprogramm zur Verbesserung des Kapitalertrags entworfen werden, so besteht ein Einstieg dafür auf jeder der beiden Seiten der Aktionsformel. Links liegt die Domäne des Verkaufs, der nicht allein Umsatz, sondern einen gewinnbringenden Umsatz erzielen soll. Rechts befindet sich das Arbeitsgebiet der Planungskoordination und -steuerung; etwa einer sorgfältigen Einstimmung von Absatz- und Produktionsprogramm, damit die Läger niedrig und die Durchlaufzeiten kurz sein können.

Eine weitere Zerlegung der Komponenten der Kapitalertragsformel führt zum *Kapitalertrags-Stammbaum* in Abbildung 39. So zerteilt sich hier der Management-Erfolg in die Bestandteile Deckungsbeiträge und fixe Kosten; der Umsatz in die Größen Verkaufspreise und Stückzahlen sowie das investierte Kapital in Anlage- und Umlaufkapital. Der Kapitalertrags-Stammbaum verästelt sich dann in eine Kollektion detaillierter Maßnahmen als *Checkliste zur Verbesserung des Kapitalertrags und zur »Anspannung« der operativen Unternehmensplanung.*

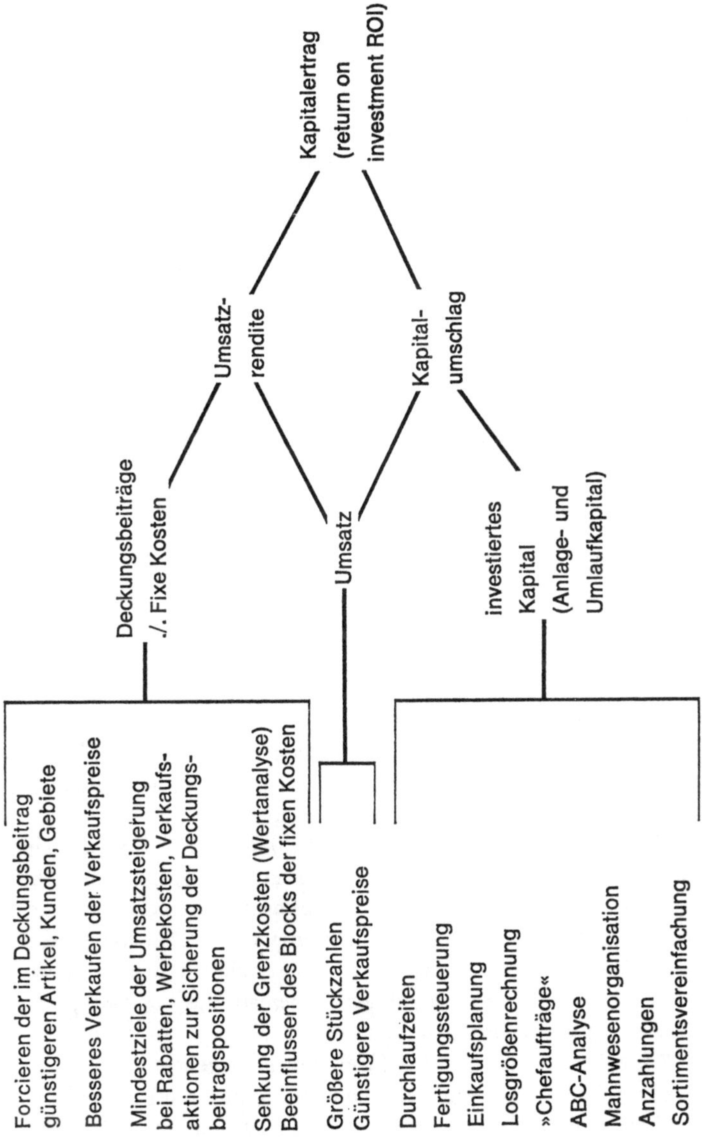

Abb. 39: Kapitalertrags-Stammbaum

Bei den Punkten zur Verbesserung der Deckungsbeiträge darf an das Modell des Getränkestandes erinnert werden. Dort wurde beschrieben, welche Konsequenzen die Festlegung deckungsbeitragsgünstiger Prioritäten im Verkaufsprogramm der Artikel bringt. Das gilt sinngemäß nicht nur für die Erzeugnisse, sondern auch für die Kunden und Verkaufsgebiete. Ferner sollten beim Einsatz zusätzlicher, operativer fixer Kosten Mindestzielsetzungen im Interesse des Besitzstandes an Deckungsbeiträgen aufgestellt und von da aus die vom Markt her erreichbaren Ziele definiert werden, wie es im Getränkestand an Hand der Werbeplanung gezeigt worden ist. Daß höhere Verkaufspreise mehr Deckungsbeiträge bringen, leuchtet von selbst ein; desgleichen wertanalytische Maßnahmen zur Senkung der Grenzkosten.

Was aber bei den Fixkosten – besser Strukturkosten genannt? Gewiß sind auch die Aktivitäten, die sich in sogenannten »Fixkosten«/Strukturkosten abbilden, beeinflußbar. Das stand immer außer Zweifel. Gebäudekosten sind Fixkosten/Strukturkosten; Heizöleinkäufe und Schönheitsreparaturen sind beeinflußbar. Und die Zahl der Vorgänge, die in Erfüllung von Service zu leisten ist, wirkt kostentreibend. Die Angaben der SOP's in Abbildung 39a weisen auf die *leistungsmengeninduzierten Strukturkosten* hin; während das Periodenbudget von 78.000 *leistungsmengenneutral* angesetzt ist. Differenzierungsstrategien wirken Strukturkosten treibend. Also müssen die Strukturkosten und damit die Bemühprozesse activities based gesteuert werden.

Oft bestehen Aktionen bei den Struko aber darin, daß ein paar Zeitschriften abbestellt, Reisekosten eingespart, keine Seminare mehr besucht, für das Vorschlagswesen nicht mehr geworben oder sogar die Werbemaßnahmen auf dem Markt eingeschränkt werden. Derartige Sparmaßnahmen bringen zwar nicht sehr viel, aber sie beruhigen ungemein das Gewissen, weil man wenigstens etwas getan hat.

Echte Senkungen bei den fixen Kosten ergeben sich nur aus strukturellen Verbesserungen, die überwiegend die Personal-Organisation betreffen; wobei es nicht nur darum geht, daß Mitarbeiter Kosten bedingen. Es entstehen dazu noch Kosten durch das, was sie tun. Auch hier empfiehlt sich eine kleine Schrittmacher-Formel (Idee von E. Küchle), nämlich der Satz:

»Braucht man den überhaupt?«

Diesen Satz kann man nämlich auf drei verschiedenen Stellen betonen. *Braucht* man den überhaupt: das bedeutet die Frage, ob der neu angeforderte Mitarbeiter wirklich nötig ist oder ob durch eine verbesserte Organisation auf der Basis einer Arbeitsverteilungsübersicht bzw. durch Erkennen unterforderter Mitarbeiter die Aufgaben des neuen Mannes nicht vielleicht wegfallen oder von anderen Kollegen übernommen werden können.

Braucht man *den* überhaupt: Die Betonung an dieser Stelle führt zur Manager- und Mitarbeiterbeurteilung. Ist das der richtige Mann für diese Aufgabe? Wie kann ich ihm helfen, damit er seine Funktion wirksamer erfüllt? Hier kommt die Funktion des Vorgesetzten als eines Trainers wieder deutlich zum Ausdruck. Man kann nämlich auch insofern Fixkosten sparen, als man aus dem Apparat eine größere Leistung herausholt. Dieses Vorgehen wirkt auch erheblich motivierender als die so häufigen Trompetenrufe nach pauschalen Sparmaßnahmen.

Braucht man den *überhaupt:* Ist die ganze Funktion dieser Abteilung oder Gruppe überhaupt notwendig? Was steht in der Funktionsbeschreibung? Wurde die Gruppe einmal wegen eines Projektes eingerichtet und hat sie dann das Projekt überlebt, so daß sie sich jetzt selbst beschäftigt? Manche Firmen veranstalten in gewissen Abständen größere Umzüge, um herauszufinden, wo sich überflüssige Funktionen vor allem in den Stabsbereichen eingenistet haben, die sich und andere mit sich selber beschäftigt halten.

Der Kapitalumschlag wird günstig beeinflußt durch kürzere Durchlaufzeiten, vorteilhafte Abstimmung zwischen Absatz- und Produktionsprogramm mit möglichst kleinen Lagerbeständen, sorgfältige Bestellgrößenrechnung im Einkauf, Erziehung der Lieferanten zur Liefertermintreue. Die in manchen Firmen üblichen »Chefaufträge« führen auch zu zusätzlicher Kapitalbindung, weil die normalen Aufträge warten müssen, bis der mit

Priorität ausgestattete Chefauftrag vorbeigelaufen ist. Eine ABC-Analyse im Lager – A-Teile im Lager sind solche, die einen hohen Wert haben, aber der Menge nach nicht so häufig sind (20% der Teile am Lager umfassen 70% des Lagerwertes) – und ein daraus abgeleitetes programmgesteuertes Disponieren der teueren, Kapital bindenden A-Teile sorgt ebenfalls für einen beschleunigten Kapitalumschlag. Eine gute Organisation des Mahnwesens, die das Geld schneller ins Haus bringt, setzt Kapital frei.

Hierher gehört auch das Thema *Sortimentsvereinfachung*. Mit je mehr Erzeugnissen und Sorten der Umsatz erzielt wird, desto langsamer dreht sich das Kapital; weil die Läger steigen, die Produktionsorganisation mit der Folge längerer Durchlaufzeiten schwieriger wird und im Einkauf differenzierter und in breiterer Sortierung disponiert und gelagert werden muß. Zwar wirkt sich eine Ausdehnung des Sortiments positiv auf der linken Seite der Kapitalertragsformel aus – es gibt zusätzliche Umsätze und Deckungsbeiträge. Aber das Plus auf der linken Seite bei der Umsatzrendite darf nicht durch ein höheres Minus wegen größerer Schwerfälligkeit und langsamerer Kapitaldrehzahl auf der rechten Seite der Aktionsformel erkauft werden.

Zero Base Budgeting – Prozeßkostenrechnung

Dieses Merkwort kennzeichnet einmal eine Planungsphilosophie. Es bedeutet »planen von Anfang an« oder wörtlich »von 0 her«. Also Gewesenes soll nicht einfach extrapoliert werden. Nicht daß man nach dem Symbol des Ausrufezeichens plant. Etwa in der Art: »Ist ja klar, haben wir immer schon so gemacht, der Chef hat's gesagt – und der muß es wissen, oder die Abstimmung, in der ein Vorsitzender fragt, ob hier jemand dagegen sei ...« Da kann es dann so gehen, daß man entscheidet: »Kurz, schnell und falsch«. Oder man macht es in der Art: »Hauptsache schnell, richtig wird's von selber«. Richtig wird es dann durch die tägliche Schuhsohlenplanung. Zero base budgeting verlangt also die Suchbewegung des Fragezeichnes beim Finden einer Entscheidung – also beim Hinfinden.

Das Wort »Zero Base« bedeutet auch, daß Kostenbudgets aufgaben- und maßnahmengetreu aufgestellt sein müssen. Dazu gehört, daß man sich nicht absichtlich »warm anzieht«. Gegen »ZBB« wäre z.B., daß man sagt, daß man eben 6% Werbung vom Umsatz machen muß. Umgekehrt: Erst wären die Projekte und Aktionen zu definieren – hinterdrein kann man dann prüfen, ob eine gewisse erfahrungsgemäße Angemessenheit zwischen Werbe-Etat und Umsatzvolumen besteht. Activity based cost »ABC«.

Zu Zero Base Budgeting gehört, daß man sogenannte decision packages bildet, die überschau- und adressierbar sind. Nicht daß riesige Etats aufgestellt sind, die sich dem Beurteilungsvermögen der Beteiligten entziehen. Im ZBB liegt also die *Kunst der Kleinheit*. Dazu gehört auch ein oasenförmiges Vorgehen (»small is beautiful«).

Soweit es sich um eine Philosophie handelt, gelten Zero Base Budgeting-Spielregeln generell. Im Speziellen aber ist damit angesprochen die administrative Wertanalyse (Gemeinkostenwertanalyse, Overhead-Value-Analysis, Strukturkostenanalyse). Oder mit dem ZBB-Schlagwort geht es um das Thema des Controlling bei den fixen Kosten. Gerade bei den fixen Kosten ist es ja heute eher noch so, daß man Kostenbudgets einfach aufstellt mit der Pseudobezugsgröße »DM-Fixkosten-Deckung«. Auch für die fixen Kosten braucht man Standards of Performance als Leistungskennzahlen, um eine Verbindung zwischen Kosten und Niveau der Dienstleistung herzustellen – sowie zwischen der Menge der administrativen Vorgänge. So gehört zum Zero Base Budgeting etwa folgendes »Listenbild für eine Fixkostenstelle«. Heute – in der Zeit der 9. Auflage 1992 – ist beliebt das Wort »Prozeßkostenrechnung« (Horváth), um die sinngemäßen ZBB-Sachverhalte zu verdeutlichen. Es geht um's Controlling der Fixkosten; besser Strukturkosten. So sind die Struko der Kontenführerinnen z.B. »lmi« – d.h. leistungsmengeninduziert. Dennoch sind's »Struko«. Frau Bäumler ist »lmn«, also leistungsmengenneutral.

	KOSTENPLAN Bereich: F Kostenstelle/Verantw.: Debitorenbuchhaltung (Bäumler) Periode: 1979		Blatt: Datum: 10. 10. 1978
Konto-Nr.	KOSTENART (Personalkosten)	Betrag	STANDARDS OF PERFORMANCE
4022	**Hilfslöhne**		
4031, 32, 33	**Lohnzuschläge**		
	Kalk. Sozialkosten Löhne		
4200	**Gehälter**		
	2 Buchungskräfte à 2800 incl. Sozialkosten Verbuchung 100.000 Fakturen, Zahlungseingänge; 20.000 Gutschriften/Lastschr.)	67.200	120.000 Buchungen (0,56)
	4 Sachbearbeiterinnen à 3.200 incl. Sozialkosten	153.600	
	(Prüfung ZE, Termine, Konditionen für 5000 Kunden, 3.600 Std. à 20,– incl. S.K.)	(72.000)	5000 Kundenkonten (14,40)
	(Kontenbezogener Schriftwechsel, 3360 Std. à 20,–)	(67.200)	21.000 Briefe (3,20)
	(Mahnungen per AKO+) 144 Std. à 20,–)	(2.880)	8000 AKO-Mahnungen (0,36)
	(Berechnung Umsatzboni, 260 Std. à 20,–)	(5.200)	4000 Berechnungen (1,30)
	1 Führungskraft/Qualifizierte Fachkraft, 4000 p.m. incl.	48.000	
	(Beurteilung und Prüfung der Bonität der Kunden)		0,5 % Delkredere (500.000)
	(Bearbeitung schwieriger/wichtiger Fälle und Genehmigung der Aufträge an Rechtsanwalt . . . . und Inkassobüro)		max. 200 Fälle max. 1,0 Mio. des Umsatzes
4201	**Überstunden-Vergt. Geh.** 160 Überstunden p.a. wegen Krankheits- u. a. Ausfällen, Einschulungen etc., à 20,–	3.200	
4202, 03	**Zuschläge Gehälter** 25 % Überstunden-Zuschl.	800	
	Kalk. Sozialkosten Gehälter (oben enthalten)		
	SUMME PERSONALKOSTEN	272.800	
	+) Automatische Korrespondenz		

Abb. 40a: Listenbild einer administrativen Kostenstelle (Personalkosten)

	KOSTENPLAN		Blatt:
	Bereich:	F	Datum: 10. 10. 1978
	Kostenstelle/Verantw.:	Debitorenbuchhaltung (Bäumler)	
	Periode:	1979	

Konto-Nr.	KOSTENART (Sachkosten)	Betrag	STANDARDS OF PERFORMANCE
442, 43, 44	**Instandhaltung**		
456	**Sonstige Gemeinkosten**		
457	**Formulare, Bürobedarf** Konten, Karteiblätter etc.	5.000	
458	**Reisekosten**		
459	**Telefonkosten**	6.000	
460	**Porti, Frachten**		
461	**Zeitschriften**		
494, 95	**Beratung**		
496, 97	**Steuern, Versicherungen**		
514	**Gerichts- und Anwaltskosten** 200 Fälle à 500,-	100.000	
516, 17, 18	**Geld- und Bankspesen** Inkassobüro, 2 % von 1,0 Mio. Umsatz	20.000	
520	**Auskünfte** 500 à 100	50.000	
	Raumkosten 7 Arbeitsplätze à 10 m² à 60,-	4.200	
	EDV 8000 AKO-Mahnungen à 1,-	8.000	8.000 AKO-Mahnungen (1,0)
	Zentrales Schreibbüro 3360 Stunden à 20,-	67.200	21.000 Briefe (3,20)
	SUMME SACHKOSTEN	260.400	
	SUMME PERSONAL- UND SACHKOSTEN	533.200	0,53 % vom Umsatz Gesamtkosten der Debitorenbuchhaltung (100,- Mio. Umsatz) ø 60 Tage Ziel

Abb. 40 b: Listenbild einer administrativen Kostenstelle (Sachkosten) Originaljahr des so Gemachthabens

Bei den Kosten in der Abbildung 40a + b ist nicht mehr extra angegeben, daß es Fixkosten sind. Es *sind* fixe Kosten. Eine Gliederung nach proportional und fix kommt nur auf jenen Kostenstellen vor, die eine Prozeßleistung erbringen im Herstellplan eines zu verkaufenden Produkts. Die *Debitorenbuchhaltung* des Beispiels ist eine regieführende Kostenstelle – es sei denn, das Leistungsvolumen des Unternehmens besteht darin, etwa eine Mandantenbuchhaltung in einer Steuerkanzlei zu führen. Dann wären die Leistungen Gegenstand eines Marktangebots, erhielten einen Preis auf dem Markt, müßten mit Grenzkosten kalkuliert werden, damit ein Deckungsbeitrag entsteht. So ist jetzt aber die Debitorenbuchhaltung als eine administrative Stelle gemeint. Der Kunde will ein Produkt haben, aber nicht die Rechnung dazu. Die Rechnung ist ein Regiepapier, das für Ordnungsmäßigkeit und Nachweis sorgt, aber ist nicht Gegenstand der Marktleistung selber.

Die Einflußgrößen/SOP's im Bereich der »fixen«/Struktur-Kosten können sein:

- *Mengenbezugsgrößen* für Mengen administrativer Vorgänge;
- *Kennzahlen,* die ein Service-Niveau ausdrücken;
- *Angemessenheitsraten,* die – wie erwähnt – oft in Prozent vom Umsatz formuliert sind.

Bei den Mengenbezugsgrößen lassen sich *auch Kostensätze* ermitteln. Das sind dann aber für diese Teilprozesse/SOP's Fixkostentarife oder Bemühungstarife. Damit läßt sich eine differenzierte Preiskalkulation aufbauen, interne Leistungsverrechnungen im Sinne der Als-ob-Profit-Centers wären möglich und vor allem würden gerade im Beispiel der Debitoren-Buchhaltung solche Kostensätze für administrative Vorgänge gebraucht werden in einer Kundendeckungsbeitragsrechnung (Hauptprozeß).

Zum Zero Base Budgeting gehört dann das Leveln bei den fixen Kosten /Strukturkosten (frais de structure). Für dieses Leveln gibt es zwei Möglichkeiten anzusetzen:

Einmal wär es zweckmäßig, anlaßorientiert vorzugehen. Das entspricht auch dem Oasenprinzip. Ein Anlaß liegt immer dann vor, wenn ein neuer Mitarbeiter ins Team herein soll oder jemand ausscheidet. Auch beim Ersatzbedarf müßte man nicht einfach sagen »Klar, der oder die muß wieder her«. Sondern man könnte einmal in Frage stellen mit der Suchüberlegung Konsequenzen, falls nicht ... Dieser Hebelsatz wäre es, der einen veranlassen würde, im Paket der Aufgaben und Maßnahmen Prioritäten zu bilden. Was ist, wenn bestimmte Aufgaben nicht erfüllt oder bestimmte Maßnahmen unterlassen werden. Auch besteht Anlaß, dann eben zu sortieren nach den Musts, den Cans und den Nices.

Nur daß es eben so ist, daß die sich bietenden Anlässe nicht so richtig genutzt werden. Das ist ja auch medizinisch so. Vorsorgetherapien unterläßt man häufig. Dann ist der Arzt fällig, wenn es weh tut. In solchen Fällen hilft als Anlaß eben nur ein Cut-off-Point. Dann kommt halt die These »top down«, daß man mit 80% oder gar 60% der Kosten auszukommen habe.

Nun werden solche Cut-off-Points oftmals auch mißverstanden. Gemeint sind sie zuerst einmal als eine Art »Where discussion has to start point«. Sinn des Cut-off ist herauszuarbeiten solche Aufgaben und Maßnahmen, die auch auf die Wartebank könnten. Und vielleicht läßt sich dann tatsächlich etwas auch realisieren. Wobei übrigens die Stimmung bei solchen Aktionen dann besser ist, wenn man sie noch in Phasen von Zuwachsraten betreibt, so daß nicht jemand ausscheiden soll als Folge des Cut-off-Points, sondern man möchte verhindern, daß zusätzliche Mitarbeiter nötig sind. Allerdings heißt das dann, daß man eine größere innerbetriebliche Mobilität braucht. Denn mit den Prioritäten verschieben sich ja Aufgaben. So daß jemand nicht immer beanspruchen kann, stets in der Aufgabe eingesetzt zu sein, für die er vielleicht ursprünglich einmal ausgebildet worden ist. Also ergibt sich auch damit life long learning.

Wie man das Arbeiten mit den decision packages nach »Zero Base Budgeting« formularmäßig bewältigen soll, zeigen die folgenden Bilder. In diesen Formularbeispielen ist die Kostenstelle Debitorenbuchhaltung umgeformt aus dem periodischen Kosten- und Kennzahlenformular in das projektweise einzusetzende »falls nicht-Formular«.

Entscheidungs-Paket Bezeichnung:	Leistungs-Niveau (Level)	Priorität (Rang)	Datum:
Bereich: Finanzen Abt./Kostenstelle: Deb. buchhaltg. Verantw.:	erhöht		

Aufgabe:	Budget	Veränd. zum Lfd. Jahr	Budget Jahr
Wie gehabt in Abb. 40 aber verstärkte vorbeugende Maßnahmen — „improvement level"	Personalstand		
	Personalkosten	TDM	TDM
Beschreibung d. Tätigkeiten: Aktivitäten 1-3 wie gehabt Abb. 40; zusätzlich 4) laufende Bonitätenbeurteilung durch wöchentliche Durchsprachen im Verkauf 5) Einholen zusätzlicher Auskünfte	+ Account-Manager-Assistent	+ 60	
	Sachkosten + Kosten für Auskünfte	+ 20	
	Gesamt	+ 80	

Vorteile/Nachteile (Kosten/Nutzen-Analyse)

Vertieftes Finanz-Management (Cash-Denken) im Verkauf

Standards of Performance

5000 Kundenkonten lfd.
24000 Briefe individuelle
0,05% Delkredere
45 Tage Ziel

Konsequenzen, falls dieses Leistungsniveau nicht dotiert wird

Es bleibt beim „current level"

Alternativen

Entscheidungs-Paket Bezeichnung:	Leistungs-Niveau (Level)	Priorität (Rang)	Datum:
Bereich: Finanzen Abt./Kostenstelle: Deb.buchhaltg. Verantw.:	vermindert		

Aufgabe / Beschreibung		Veränd. zum Lfd. Jahr	Budget Jahr
Aufgabe: wie Abb. 40; aber nur bei den "alten" Kunden	Budget		
	Personal-stand		
	Personal-kosten	TDM	TDM
Beschreibung d. Tätigkeiten: Aktivitäten 1–3 lt. Abb. 40a + b a) schematischer (weniger individuell) b) in größeren Zeit-abständen	./. 2 Sach-bearbeiter	./. 80	
	Sach-kosten + zusätzl. EDV-Leistgn. (zusätzl. Schemabriefe statt individuelle)	+ 30	
	Gesamt	./. 50	

Vorteile/Nachteile (Kosten/Nutzen-Analyse)

Verkauf erhält keine Nachricht über Finanzwirksamkeit seiner Umsätze

Standards of Performance

4800 Konten vierteljährlich
200 (neue) Konten jährlich
3800 Briefe individuell
0,55% Delkredere
70 Tage Ziel

Konsequenzen, falls dieses Leistungsniveau nicht dotiert wird

forget it – minimum level

Alternativen

Ab. 41: Decision-Package-Formular mit Veränderungsbudget nach unten sowie nach oben

Budget-Leitlinie

Zur Eröffnung einer Planungsrunde empfiehlt es sich, wenn es so etwas gibt wie einen Planungsbrief. Organisatorisch und in den Formulierungen müßte der zentrale Controller zuständig sein, eine solche Leitlinie zu bauen.

Schlußendlich schreiben und unterschreiben aber muß es das Top-Management. Wie eine solche Budgetleitlinie aussehen kann, zeigt das nach Ideen eines erfahrenen Controlling-Praktikers skizzierte Beispiel:

PLANUNGSBRIEF 1982

Lieber Mitarbeiter im oberen und mittleren Kader,

mit diesem Brief erfolgt der Startschuß zum Aufbau des Budgets 1982. Damit unser Unternehmen nicht eine Reise ins Blaue antritt, sondern fahrplangetreu sich zu den Zielen bewegt und unterwegs bewußt gesteuert werden kann, ist jeder verantwortliche Manager im Rahmen seines Aufgabengebiets auch für sein Budget zuständig – also für die Erarbeitung der Budgetbausteine »bottom up«.

Bitte beachten Sie dabei die Leitlinien, die wir Ihnen in diesem Brief mitteilen und als Orientierungsrahmen an die Hand geben wollen:

1. *Allgemeine Konjunkturlage*

Weltweit gesehen wird sich die Wirtschaftslage nur langsam verbessern. Ein stärkerer Aufschwung ist noch nicht in Sicht und ist vor Mitte 1982 nicht zu erwarten. Wechselkursänderungen werden auch im nächsten Jahr das Geschäft beeinflussen.

In dieser schwer prognostizierbaren, labilen Phase ist die Berücksichtigung von erwarteten lokalen und branchen- bzw. produktspezifischen Entwicklungen wichtiger als allgemein gehaltene Wirtschaftsprognosen.

Deshalb müssen die Sparten und Zentralbereiche aufgrund ihrer besonderen Detailkenntnisse – eine eigene, realistische Grundlage für das Budget 1982 erarbeiten.

2. *Zielsetzung für die Budgetierung 1982*

1982 soll der finanzielle Cash flow 80 Mio. betragen bei einem ROI von 2,5mal den landesüblichen Zinsfuß (vor Steuern).

Diese Zielsetzung ist zwar herausfordernd, erscheint aber aufgrund der in den letzten Jahren getätigten Vorleistungen realisierbar. Selbst die Erreichung dieses Cash-Flow-Zieles genügt noch nicht, um die angemeldeten Investitionsvorhaben von 100 Mio. (1982) und 100 Mio. (1983) aus eigener Kraft durchführen zu können.

Um die angestrebten 80 Mio. Cash flow zu erarbeiten, ist neben einer Steigerung der Absatzmengen vor allem auch eine *Verbesserung der Ertragsmargen* notwendig.

Daneben müssen insbesondere die *Fixkosten-, d. h. die Kosten unserer Ablauf- und Strukturorganisation, reduziert werden. Die Sparten- und Zentralbereichsleiter sowie die Leitungen von Werken und Tochtergesellschaften haben deshalb dem Abbau von nicht mehr benötigten Diensten vermehrte Beachtung zu schenken.*

3. *Spezielle Richtlinien*

3.1. *Absatzmengen und Deckungsbeitragsmargen*

Mehr Verkäufe werden vor allem bei neuen Produkten erwartet, sowie in Bereichen, in denen die Kapazität ausgebaut wurde, resp. wird. *Wir erwarten, daß die bei Investitionsantragstellung fixierten Ziele erreicht werden.* Die Erschließung neuer geographischer Märkte sowie von neuen Einsatzgebieten ist zu forcieren.

Ebenso wichtig wie der Mehrabsatz ist die notwendige Margenverbesserung. Die Deckungsbeitragsmargen bzw. die Deckungsbeiträge pro Einheit, sind trotz Zielorientierung realistisch anzusetzen. *Besonders bei Produkten, bei denen wir eine marktführende, resp. marktbeeinflussende Stellung haben, müssen die Ergebnisse verbessert werden.*

Bei der Budgetierung der Außenbüreaux ist sicherzustellen, daß alle Mitarbeiter dieser Verkaufsstellen ihre operativen Marktziele für 1982 genau kennen, und daß sie in der Lage sind, Fragen bezüglich Mengen/Preis selbst zu beantworten. Die Erstellung der Kostenbudgets wird durch ZC koordiniert und mit den Sparten und

ZF besprochen. Vor allem ist auf eine möglichst kundenbezogene Auftragseingangsplanung Wert zu legen.

3.2. *Rohstoffkosten*

Eine *Verminderung der Rohstoffkosten ist durch ein flexibleres Eingehen von Versorgungsrisiken anzustreben,* d. h. vermehrt soll von günstigen Spot-Preisen Gebrauch gemacht werden, wenn auch in verstärktem Ausmaß Käufe bei nicht angestammten Lieferanten zu tätigen sind.

Obwohl es wahrscheinlich ist, daß die Rohstoffpreise weiter steigen, hat die Budgetierung auf der Basis der heutigen Werte und der bereits bekannten Entwicklungen zu erfolgen. Die Anpassung der Umsatz- und Materialkostenbudgets an die 1982 aktuellen Preise erfolgt – wie bis anhin – laufend. Das Deckungsbeitragsziel wird dabei wie budgetiert beibehalten.

3.3. *Produktion*

Die angestrebte Verbesserung der Rohstoff- und Energie-Nutzung muß in den dem Budget zugrunde liegenden Rezepturen zum Ausdruck kommen. Reparaturarbeiten sind auf das vernünftige Minimum zu beschränken. Soweit wie möglich sollen nur die eigenen Werkstätten und technischen Dienste eingesetzt werden.

Allokationen von Fixkosten, deren Verteilung über Umlageschlüssel erfolgt, müssen zwischen abgebender und empfangender Stelle (Kosten- und Profitcenter) diskutiert werden.

3.4. *Fixkosten*

Im Unternehmen streben wir an, die Fixkosten gesamthaft um nicht mehr als die Hälfte der lokalen Teuerungsraten ansteigen zu lassen. Alle sind aufgefordert, nicht mehr benötigte Dienste den dafür verantwortlichen Stellen zu melden, damit die Kosten abgebaut werden können.

3.5. *Forschung und Entwicklung*

Der Forschung und Entwicklung kommt auch weiterhin eine große Bedeutung bei der Realisierung unserer Strategie zu. Das Gros des F+E-Budgets ist mit konkreten Projekten zu begründen.

3.6. *Personal*
Der Personalstop bleibt weiterhin in Kraft. Für Lohn- und Gehaltserhöhungen ist von einem Ausgleich der von Land zu Land unterschiedlichen Teuerung auszugehen.

3.7. *Investitionen*
Investitionen sind, soweit wie nur möglich, auf den Produktionssektor zu beschränken. Infrastrukturprojekte sind nur bei zwingenden gesetzlichen Vorschriften ins Budget aufzunehmen.

Alle größeren Investitionsvorhaben sind vermehrt auf ihre Strategie-Konformität zu prüfen. Besonders genau ist die Frage der Marktchancen und der Inbetriebnahme-Probleme zu untersuchen.

Für strategisch entscheidende und wirtschaftlich interessante (Payback 3 Jahre, interner Zinsfuß vor Ertragsteuern 30 %) Projekte sind Mittel vorhanden.

3.8. *Umlaufvermögen*
Wir streben durch eine bessere monatliche Kontrolle die Reduktion des Umlaufvermögens und damit des Zinsaufwandes an. Zu diesem Zweck ist eine klare Zuteilung der Verantwortung notwendig. Zentralbereich Controller erarbeitet in Koordination mit Sparten und zentralen Abteilungen Vorschläge betreffend:

- Verantwortung
- 1982 anzustrebende Ziele im Bereich Lager, Debitoren, Kreditoren etc.

In den Planbilanzen und Planmittelflußrechnungen 1982 sind diese Zielsetzungen zu berücksichtigen.

4. *Weiteres Vorgehen*
Zentralbereich Controller wird in nächster Zeit die Budgetrichtlinien mit Sparten, Werken und Gesellschaften besprechen. Die Budgets werden in der Zeit vom 4.–13. November mit der Geschäftsleitung besprochen.

Zentralbereich-Controller koordiniert diese Budgetbesprechungen in zweckdienlicher Art und Weise (Termine, Teilnehmer, Unterlagen). Das Resultat dieser Budgetsitzungen ist in einem Entscheidungs-Kurzprotokoll festzuhalten.

Und dann wünschen wir uns, daß ein zielerfüllendes und machbares Budget erarbeitet werden kann.

1. Juli 1981

Mit freundlichen Grüßen
Konzernleitung

Das durch die *IGC International Group of Controlling* definierte Controller-Leitbild lautet:

Controller leisten begleitenden betriebswirtschaftlichen Service für das Management zur zielorientierten Planung und Steuerung

Das heißt:

- Controller sorgen für Ergebnis-, Finanz-, Prozeß- und *Strategietransparenz* und tragen somit zu höherer Wirtschaftlichkeit bei.
- Controller koordinieren Teilziele und Teilpläne ganzheitlich und organisieren unternehmensübergreifend zukunftsorientiertes Berichtswesen.
- Controller moderieren den Controlling-Prozeß so, daß jeder Entscheidungsträger zielorientiert handeln kann.
- Controller sichern die dazu erforderliche Daten- und Informationsversorgung.
- Controller gestalten und pflegen die *Controllingsysteme*.

Controller sind die internen betriebswirtschaftlichen Berater aller Entscheidungsträger und wirken als Navigator zur Zielerreichung.

Inhalt des 8.—12. Kapitels

Inhaltsübersicht Controller-Praxis, Band II

Vorbemerkung zum II. Band

8. Kapitel

Führungs- und Planungsgrundsätze

»Bei uns kann man nicht planen, weil sich immer so viel ändert« / Abweichungen sind keine Schuldbeweise / Planungen müssen herausfordern und erreichbar sein / Planung ist nicht »Laissez-faire« / Führungsgrundsatz für die Planung / Zielsetzung, Planung, Steuerung / Die Planung, nicht die Abweichung gilt als objective / »Management by objectives« / Kurz- und langfristige Planung / Planung und Prognose / Planungsbegriffe / Planungsgebäude: Einstieg und Engpaß / Planung ist kein sequentieller Vorgang / Wer soll planen? / Planungsfahrplan / Management-Informations-System als Plan-Rahmen

9. Kapitel

Controlling durch Soll-Ist-Vergleich

Soll-Ist-Vergleich bei Umsatz, Deckungsbeiträgen und Vertriebskosten im Profit-Center / Graphischer Soll-Ist-Vergleich für ein Profit-Center / Planung eines flexiblen Leistungs- und Kostenbudgets in der Produktion / Das Kostenbudget als Stammsatz in der operativen Planung / Der Ansatz der proportionalen und fixen Kosten im Kostenbudget / Ist der Fertigungslohn wirklich proportional? / Soll-Ist-Vergleich für das Produktionskostenbudget / Controlling mit Hilfe des Signals der Abweichungen / »Wertanalyse« beim Berichts-System des Controllers / Fixes Kostenbudget und »Standards of performance« / Beispiel für das Controlling-Instrumentarium eines Personalleiters / Materialeinsatz-Soll-Ist-Vergleich / Drei-Stufen-Aktionsprogramm beim Controlling durch Soll-Ist-Vergleiche / Fallbeispiel eines Drei-Stufen-Aktionsprogramms zur Gewinnverbesserung / Budget und »Delegation der Verantwortung« / Soll-Ist-Vergleich und Führungsstil / Personal Computer

10. Kapitel

Controller-Berichte

Sensitivity-Übungen im Controller-Bericht / »Completed staff work« des Controllers / Kommentare zum Berichtswesen des Controllers / Das System der Management-Erfolgsrechnung als »Baukern« für Controller-Berichte / Der Einbau der Abweichungen in die Abweichungs-Analyse / Management-Erfolg und Bilanzerfolg / Management-Erfolgsbericht: Praxisbeispiel / Konstruktionsanleitung zum Bau der Management-Erfolgsrechnung

11. Kapitel

Controller-Organisation

»Ich bin der Controller, aber das weiß bei uns niemand« / Der Leiter des Finanz- und Rechnungswesens als Controller / Die Einordnung von Controller und Treasurer in das Funktionsgefüge der Unternehmung / Organisation im Rechnungswesen: Was davon gehört zum Controller? / Funktionsbeschreibungen für den Controller / Organisations-Modell für das Informations- und Rechnungswesen in Ausübung der Controller-Funktion / Controller und Marketing-Strategie / Controller und Elektronische Datenverarbeitung / Controller und Organisationsabteilung / Controller und Interne Revision / Abgrenzung zwischen Controller und Treasurer: Wer kümmert sich um die Steuern? / Controller und Zentrale Unternehmensplanung

12. Kapitel

Der Controller in Führungsmodell und Führungspraxis

Controller-Führungsmodell / Management-Werkzeuge zur Führung und Förderung der Mitarbeiter / Management-Werkzeuge zur Planung und Steuerung der Bereiche / Die »Story vom Chauffeur« zur Erläuterung des Manager-Verhaltens / Controller-Führungspraxis: 1. Fallbeispiel – Preissenkung und Steigerung der Stückzahl im Verkauf / Controller-Führungspraxis: 2. Fallbeispiel – »Ich mache hier die Preise, aber der Verkaufsmanager weiß das nicht« / Controller-Führungspraxis: 3. Fallbeispiel – Zusammenwirken von Deckungsbeitrag I und Deckungsbeitrag II in der Artikelerfolgsrechnung / Controller-Führungspraxis: 4. Fallbeispiel – Das Verkaufspreiskomitee / Controller-Planungspraxis: 5. Fallbeispiel – Eigenfertigung oder Fremdbezug? – mit Investitionsrechnung.

Gesamtregister

Wer ist der Verfasser?

Albrecht Deyhle, Jahrgang 1934, in Tübingen geborener Württemberger, ging in Stuttgart in die Wirtschaftsoberschule, studierte Betriebswirtschaftslehre in München (Dipl.-Kaufmann) sowie Volkswirtschaftslehre und Finanzwissenschaft in Tübingen (Dr. rer. pol.; Dissertation über Schumpeter). Der erste praktische »full-time-job« führte ihn 1959 als Assistent zum Deutschen Institut für Betriebswirtschaft e. V. (DIB) in Frankfurt am Main, das damals noch HIB (Hessisches Institut) hieß. In dieser Zeit begann Deyhles Engagement für die Aus- und Weiterbildung, dem er bis heute treugeblieben ist, sowie das Interesse an der Controller-Praxis, vor allem geweckt auch durch seine Tätigkeit als Mitarbeiter bei der damals in Bürogemeinschaft mit HIB/DIB operierenden Arbeitsgemeinschaft Planungsrechnung (AGPLAN). 1962/63 war er Mitarbeiter der Beratungs-Organisation Plaut, befaßt mit Kostenplanung und Einführung der Grenzplankostenrechnung besonders bei der stahlerzeugenden sowie -verarbeitenden Industrie.

Dr. Deyhle kehrte 1963 in das Deutsche Institut für Betriebswirtschaft als Mitglied der Geschäftsführung zurück und übernahm auch die Geschäftsführung des Instituts für Interne Revision e. V. Daneben entwickelten sich die eigenen fachlichen Arbeiten auf dem Gebiet der Deckungsbeitragsrechnung als Instrument zur Verkaufsplanung und Verkaufssteuerung; so in seiner Funktion als Dozent bei der Verkaufsleiter-Akademie, Frankfurt, und in beratender Mitarbeit in der Praxis. 1967 erschien Dr. Deyhles Buch »Gewinn-Management«. Mit dem Buch kam der Verfasser auch in den Verlag, der es herausbrachte: er wirkte 1968 als Chefredakteur des Verlags Moderne Industrie in München.

Seit 1969 ist Dr. Deyhle selbständig tätig als Trainer und Berater für Gewinn-Management und Controller-Praxis im In- und Ausland. Er gründete den Management Service Verlag mit Sitz in Gauting bei München; errichtete für das Deutsche Institut für Betriebswirtschaft, dessen Präsidium er dann angehörte, in München ein Büro mit einem das Frankfurter Programm ergänzenden Angebot an Seminar-Veranstaltungen. Vor allem ging es in dieser beim DIB in freier Mitarbeit ausgeübten Funktion um die Entwicklung eines neuen Management-Systems oder Führungsmodells im »Baukastenprinzip«, das von der durch DIB und Bildungswerk der Bayerischen Wirtschaft e. V. getragenen »Management Akademie München (MAM)« betreut wird.

Mitte 1971 eröffnete Dr. Deyhle die Controller-Akademie, die sich mit ihrer Aus- und Weiterbildungsarbeit systematisch auf die Themen konzentriert, die das Buch »Controller-Praxis« beschreibt. Diese Akademie zu leiten und zu entwickeln – im Interesse der angesprochenen Zielgruppe – bildet »life-long« den Schwerpunkt seiner Arbeit. Heute ist der Verfasser Vorsitzender des Aufsichtsrates der Controller Akademie AG.

»Where to read more . . .«

AGPLAN Handbuch zur Unternehmensplanung, Berlin – Loseblattsammlung –

Baumgartner, Beat: Die Controller-Konzeption, Bern 1980

Bramsemann, Rainer: Handbuch Controlling, Hanser-Verlag, München 1987

CONTROLLER MAGAZIN, Zeitschrift für Controller-Praxis, Gauting/München; Management Service Verlag, 26 Jahrgänge, Computer-Gliederung über den Gesamtstoff, seit 1976

Deyhle, Albrecht: Controller-Handbuch, Enzyklopädisches Lexikon, 5 Bände, Gauting 1990, 4. Aufl. mit CD-ROM 1996

Gälweiler, Aloys; Unternehmensplanung, Grundlagen und Praxis, Frankfurt 1974

Goodman/Reece: Controller's Handbook, Homewood Ill. 1978

Hahn, Dietger: Planungs- und Kontrollrechnung, PUK, Wiesbaden – neueste Auflage 1994

Horváth, Peter: Controlling, München 1979 – 5. Auflage 1994 und weitere

Horváth-Reichmann: Vahlen, Großes Controlling Lexikon, München 1993

Kilger, Wolfgang: Flexible Plankostenrechnung, Opladen 1972 – 10. überarbeitete und erweiterte Auflage durch Kurt Vikas 1994

Mann, Rudolf: Praxis des Controlling, München 1973, Strategisches Controlling, München 1980

Matz, Adolph: Cost-Accounting – Planning and Control, 7. Auflage, Cincinnati 1980

Müller, Heinrich: Prozeßkonforme Grenzplankostenrechnung, Wiesbaden 1993

Porter, Miachael: Competitive Advantage, New York 1985

Preißler, Peter R.: Operatives Controlling, Landberg 1988

Pümpin, Cuno: Management strategischer Erfolgspositionen, Paul Haupt Verlag, Bern 1983

Reichmann, Thomas: Controlling mit Kennzahlen, Verlag Vahlen, München 1985

Schröder, Ernst F.: Modernes Unternehmens-Controlling, Kiehl-Verlag, Ludwigshafen 1982 – 5. Auflage 1992 und weitere Auflagen

Siegwart, Hans, und Rieder, Lukas: Controller-Leitfaden, Hrsg. Controller-Zentrum St. Gallen, Zürich/Kissing 1994

Weber, Jürgen: Einführung in das Controlling, Poeschel, Stuttgart 1988

Zander, Ernst: Handbuch der Gehaltsfestsetzung, 4. Aufl., Sauerverlag, Heidelberg 1980